漢字

최근 출제문제 분석 수록
한국어문회 시행 검정대비

한자 500字

능력검정시험
종합테스트 5급

손주남 지음
책임 감수 **남기탁** 교수
(한국어문회 이사)

BM 성안당

머리말 ─────────────────────────────●이 책을 펴내면서

　요즘 들어 학교, 학원 등 교육기관이나 개인적으로 한자 공부를 시작하는 사람들이 부쩍 늘고 있습니다. 이에 따라 한자능력 검정시험에 응시하는 사람들도 날로 늘어나고 있는 추세입니다. 이는 한자능력 검정시험을 대입수시모집의 특기자 전형 및 학점에 반영시키는 대학이 늘고 있으며, 초·중·고 생활기록부의 자격증란에 급수별 합격기록을 기재함으로써 국가 공인 자격을 일선 교육기관에서 받아 주고 있기 때문입니다.

　그리고 자격 취득이란 명목뿐 아니라 오랜 우리 전통문화의 계승과 한자 한글 병용으로 국어교육의 정상화를 시켜 주고 우리말의 70%에 해당되는 한자에 뿌리를 둔 어휘력을 높여 줄 수 있기 때문입니다.

　그러나 문제가 되는 것은 한자 불모지 시대에 살았던 사람과 지금 초·중·고교에서 공부하는 학생들의 견해가 한자는 어렵고 복잡한 글자로 혼동되기 쉽고 잘 잊어 버린다는 것입니다.

　이에 학생들이 재미있고 쉽게 시작하여, 즐겁게 공부하고, 자신 있게 끝내는 과정으로 5급에서 8급 과정을 세 권의 책으로 엮어 공부하는 학생들의 양적 부담을 덜어 줄 수 있도록 정리하였습니다.

　이 교육과정을 재미있게 구성해 주신 유진 편집팀과 코믹한 만화로 이해와 기억을 돕는 650개의 컷을 그린 이혜옥씨, 그리고 편집 교정에 애쓰신 성안당 한자 편집연구진께 깊은 감사를 드립니다.

　한 알의 밀알이 썩어 많은 열매를 맺듯 한자교육 발전에 본서가 밑거름이 되길 바라오며, 이 책으로 한자검정시험을 준비하는 모든 수험생들의 합격을 기원합니다.

지은이

차·례

한자	훈음	한자	훈음	한자	훈음	한자	훈음	한자	훈음
價	값 가	考	생각할 고	汽	물끓는 김 기	旅	나그네 려	變	변할 변
可	옳을 가	固	굳을 고	期	기약 기	歷	지낼 력	兵	병사 병
加	더할 가	曲	굽을 곡	吉	길할 길	練	익힐 련	福	복 복
改	고칠 개	課	공부할 과 / 과정 과	念	생각 념	領	거느릴 령	奉	받들 봉
客	손 객	過	지날 과	能	능할 능	令	하여금 령	比	견줄 비
擧	들 거	關	관계할 관	團	둥글 단	勞	일할 로	鼻	코 비
去	갈 거	觀	볼 관	壇	단 단	料	헤아릴 료	費	쓸 비
建	세울 건	廣	넓을 광	談	말씀 담	類	무리 류	氷	얼음 빙
件	물건 건	橋	다리 교	當	마땅 당	流	흐를 류	仕	섬길 사
健	굳셀 건	舊	예 구	德	큰 덕	陸	뭍 륙	士	선비 사
格	격식 격	具	갖출 구	到	이를 도	馬	말 마	史	사기 사
見	볼 견 / 뵈올 현	救	구원할 구	島	섬 도	末	끝 말	思	생각 사
決	결단할 결	局	판 국	都	도읍 도	望	바랄 망	寫	베낄 사
結	맺을 결	貴	귀할 귀	獨	홀로 독	亡	망할 망	査	조사할 사
敬	공경 경	規	법 규	落	떨어질 락	賣	팔 매	産	낳을 산
景	볕 경	給	줄 급	郎	밝을 랑	買	살 매	相	서로 상
輕	가벼울 경	己	몸 기	冷	찰 랭	無	없을 무	商	장사 상
競	다툴 경	基	터 기	良	어질 량	倍	곱 배	賞	상줄 상
告	고할 고	技	재주 기	量	헤아릴 량	法	법 법	序	차례 서

仙	신선 선
鮮	고울 선
善	착할 선
船	배 선
選	가릴 선
說	말씀 설 / 달랠 세
性	성품 성
歲	해 세
洗	씻을 세
束	묶을 속
首	머리 수
宿	잘 숙 / 별자리 수
順	순할 순
示	보일 시
識	알 식 / 기록할 지
臣	신하 신
實	열매 실
兒	아이 아
惡	악할 악 / 미워할 오
案	책상 안
約	맺을 약

養	기를 양
魚	고기 어
漁	고기잡을 어
億	억 억
熱	더울 열
葉	잎 엽
屋	집 옥
完	완전할 완
要	요긴할 요
曜	빛날 요
浴	목욕할 욕
雨	비 우
友	벗 우
牛	소 우
雲	구름 운
雄	수컷 웅
元	으뜸 원
願	원할 원
原	언덕 원
院	집 원
位	자리 위

以	써 이
耳	귀 이
衛	클 위
因	인할 인
任	맡길 임
財	재물 재
材	재목 재
災	재앙 재
再	두 재
爭	다툴 쟁
貯	쌓을 저
的	목표 적
赤	붉을 적
典	법 전
傳	전할 전
展	펼 전
節	마디 절
切	끊을 절 / 온통 체
店	가게 점
情	뜻 정
停	머무를 정

調	고를 조
操	잡을 조
卒	마칠 졸
種	씨 종
終	마칠 종
罪	허물 죄
週	주일 주
州	고을 주
知	알 지
止	그칠 지
質	바탕 질
着	붙을 착
參	참여할 참 / 석 삼
唱	부를 창
責	꾸짖을 책
鐵	쇠 철
初	처음 초
最	가장 최
祝	빌 축
充	채울 충
致	이를 치

則	법칙 칙 / 곧 즉
打	칠 타
他	다를 타
卓	높을 탁
炭	숯 탄
宅	집 댁 / 집 택
板	널 판
敗	패할 패
品	물건 품
必	반드시 필
筆	붓 필
河	물 하
寒	찰 한
害	해할 해 / 해칠 해
許	허락 허
湖	호수 호
化	될 화
患	근심 환
效	본받을 효
凶	흉할 흉
黑	검을 흑

5級

漢字能力檢定用

1편 부수 자원의 풀이

한자 부수의 실제 활용

①

一  손가락 하나 또는 선(線) 하나를 가로 그어 수효의 '하나'를 가리킨 자.

大 **대** 큰, 위대할, 사람 — 어른이 양팔을 벌리고 서 있는 모습이 '큼'을 가리킨 자.

한 일

②

 위에서 내리그어 '뚫음'을 가리킨 자.

中 **중** 가운데, 바를, 마음, 절반, 맞힐 — 물건(口)의 복판을 작대기(丨)로 꿰뚫은 모양.

뚫을 곤

③

 오른쪽에서 왼쪽으로 '삐치면서' 당기는 모양을 나타낸 자.

乃 **내** 이에, 너, 그, 옛, 어조사, 뱃노래 — 말할 때 목구멍으로부터 구부러져(丂) 나오는 입김(丿).

삐칠 **별**
(삐침)

④

乙 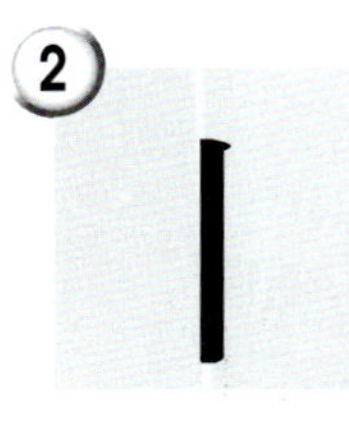 '새'의 '굽은' 앞가슴, 또는 초목의 새싹이 '구부러져' 나오는 모양을 본뜬 자.

乞 **걸** **기** 구걸할 — '구걸하는' 사람(人)이 기운 없이 말하며 몸을 굽힘(乙)을 가리켜 된 자.

새 을

⑤

亅  '갈고리'가 매달린 모양을 본뜬 자.

了 **료** 마칠, 깨달을, 끝날, 똑똑할, 어조사 — 아기가 양팔을 몸에 꼭 붙이고 모체로부터 나와 해산.

갈고리 **궐**

6

二
두 이

두 손가락 또는 두 선을 그어 '둘'·'거듭' 등을 가리킨 자.

云 **운** 이를, 말할, 이러저러할, 어조사

'구름'이 피어오르는 모양을 본뜬 자.

7

上
머리 부분 **두**
(뜻 모을 두)

가로선(一) 위에 꼭지점(·)을 찍어 '머리 부분'이나 '위'를 나타낸 자.

亭 **정** 정자

길 가던 사람(丁)이 바람을 쐬며 쉴 수 있도록 높이(高) 지어 놓은 정자.

8

人
사람 **인**
(인변)

'사람'이 다리를 내 딛고 섰는 모양을 본뜬 자.

仙 **선** 신선

사람(亻)이 산(山)에서 도를 성취하여 장생불사가 된 '신선(神仙)'.

9

儿
걷는 사람 **인**
(어진사람 인)

걸어가는 '사람'의 다리 모양을 본뜬 자.

元 **원** 으뜸, 두목, 클, 어질, 머리, 처음

사람(儿)의 윗 부분(二)에 있는 '머리'를 뜻하여 된 자.

10

八
여덟 **팔**

두 손의 손가락을 네 개씩 펴 서로 '등지게' 한 모양에서 '여덟'을 가리킨 자.

公 **공** 공정할, 한가지

사사로움(厶)과 등진다(八)는 데서 '공정(公正)하다'의 뜻이 된 자.

⑪

冂
멀 **경**

'멀리' 둘러싸고 있는 나라의 '경계' 또는 '성곽' 을 나타낸 자.

周 주 두루

말할(口) 때 마음을 고루 쓴다(用)는 데서 '주밀하다'.

---

⑫

冖
덮을 **멱**
(민갓머리)

보자기로 물건을 '덮은' 것 같음을 나타낸다.

冠 관 갓, 갓 쓸, 볏, 우두머리, 어른 될, 관

법도(寸)에 맞추어 사람 머리(元)에 쓰는(冖) '관'.

---

⑬

冫
얼음 **빙**
(이수변)

'얼음'의 결 또는 고드름 모양을 본뜬 자. 冰(얼음 빙)의 본자.

冬 동 겨울

사철 중에서 맨 뒤에 오는(夂) 절기로서 얼음이 어는(冫) '겨울'.

---

⑭

几
안석 **궤**
(책상 궤)

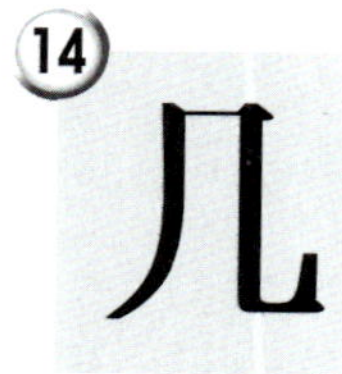

사람이 '기대 앉는 상' 모양을 본뜬 자. '책상' 따위의 뜻으로 널리 쓰인다.

凡 범 대강, 무릇, 범상(凡常)할, 다, 천할

(几)와 (丶)의 합침. (几)는 흩어진 물건을 뭉치는 틀.

---

⑮

刀
칼 **도**
(선칼 도)

'칼'의 모양을 본뜬 자. 그 쓰임에서 '자르다' · '베다'의 뜻으로도 쓰인다.

分 분 나눌, 분별할, 분수, 몫, 찢을, 푼 푼

칼(刀)로 물건을 '나눈다(八)'는 뜻으로 된 자.

16

力
힘 력

힘쓸 때 팔이나 어깻죽지에 생기는 '힘살'의 모양을 본뜬 자.

努 노 힘쓸, 힘들일

노예(奴)처럼 '힘들여(力)' 일한다는 뜻으로 된 자.

17

勹
쌀 포

사람이 몸을 구부려 두 팔로 무엇을 에워싸 품고 있는 모양을 본떠 '싸다'의 뜻이 된 자.

抱 포 안을, 품을, 아름, 낄, 가슴.

두 팔(扌)로 에워싼다(包)는 데서 '안다'··'품다'.

18

匕
비수 비

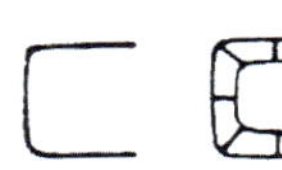

밥을 뜨는 '숟가락'이나, 고기를 베는 '비수'의 모양을 본뜬 자.

老 로 늙을, 쭈그러질

허리 굽은(匕) 백발의 '늙은이(耂=毛+人)'가 지팡이를 짚고 있는 모양.

19

匚
상자 방
(터진입구변)

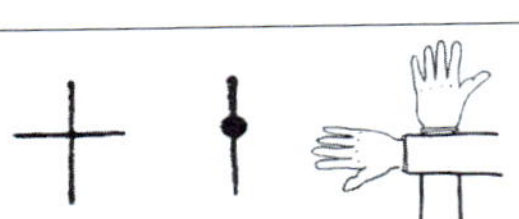

통나무를 파서 만든 '홈통' 또는 '모진 상자' 모양을 본뜬 자.

匠 장 장인, 목수, 직공, 만들, 궁리할

도끼(斤) 등의 공구를 상자(匚)에 담아 가진 '장인'.

20

十
열 십

다섯 손가락씩 있는 두 손을 엇걸어 '열'을 나타낸 자.

協 협 화할, 도울, 맞을, 복종할, 힘 합할

여러(十) 사람이 힘을 합한다(劦)하여 '화하다'.

21

卜
점 복

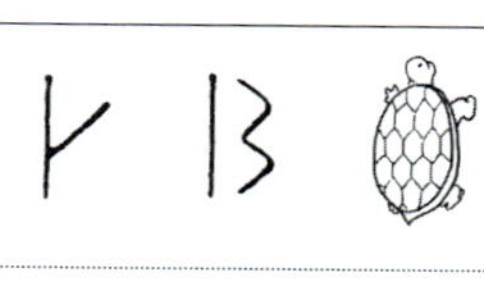

점치기 위해 거북의 등 껍데기를 태울 때 나타나는 금 모양을 본떠 '점'의 뜻이 된 자.

占 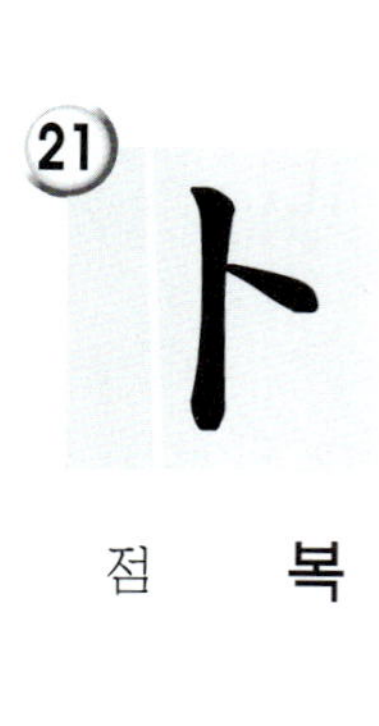 **점** 점칠, 점령할

땅(口)을 차지하기 위하여 표지판이나 깃대(卜)를 꽂는다는 데서 '점'.

22

卩
병부 절
(마디 절)

구부러진 '무릎 마디'의 모양을 본뜬 자로, 節(마디 절)의 옛자.

却  **각** 물러날, 도리어

무릎(卩)을 구부리고 뒷걸음쳐 간다.(去)

23

厂
굴바위 엄
(민음호)

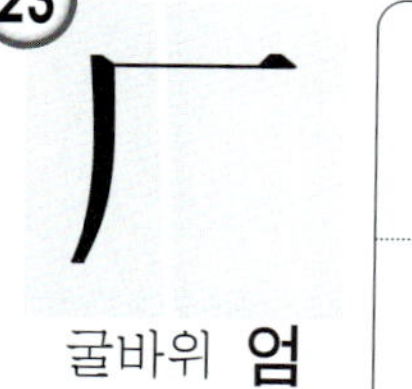

산기슭에 바위가 옆으로 비어져 나온 모양을 본떠, '굴바위' 또는 '언덕'의 뜻이 된 자.

原  **원** 근본, 들, 벌판

바위(厂) 밑에서 솟아나는 샘(泉)이 물줄기의 '근본'이 됨을 뜻한 자.

24

厶
사사 사
(마늘 모)

팔꿈치를 구부려 물건을 자기 쪽으로 감쌈을 나타내어 '나' 또는 '사사롭다'의 뜻이 된 자.

去  **거** 갈, 버릴, 덜, 감출, 덮을, 내쫓을

사람(土)이 밥그릇(厶)을 버리고 '간다'는 뜻으로 된 자.

25

又
또 우

'오른손' 모양을 본뜬 자. 오른손은 자주 쓰인다 하여 '또'·'다시'의 뜻으로 쓰인다.

叉  **차** 깍지낄, 가장자리, 가닥진 비녀, 귀신

손가락(又←手)이 엇걸림(丶)을 가리켜 '깍지끼다'의 뜻.

26 
입 **구**

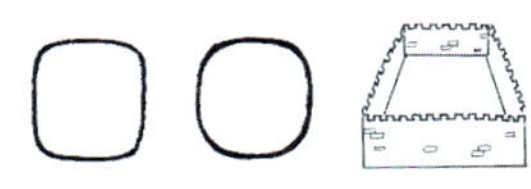

사람의 '입' 모양을 본뜬 자. 그 기능에서 '먹다'·'말하다'의 뜻으로 쓰인다.

句  구 글귀, 거리낄

말할 때 입김(口)이 얽힌(勹)듯이 '구부러짐'을 가리켜 된 자.

---

27 
에울 **위**
(엔담 위)

성벽 등으로 사방을 '에워싼' 모양을 나타낸 자. 圍(에울 위)의 본자.

國 국 나라, 고향 (약)国

변방에서(口) 무기(戈)를 들고 국민(口)과 국토(一)를 지킴.

28
흙 **토**

싹(十←屮)이 돋아나는 땅(一)을 나타내어 '흙'의 뜻이 된 자.

圭  규 홀, 영토, 저울눈. (통)珪

넓은 영토(土·土)를 내릴 때 함께 준 '홀' 을 뜻하여 된 자.

29
선비 **사**

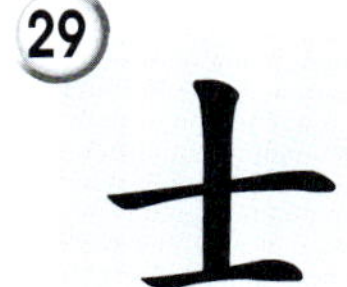

하나(一)를 들으면 열(十)을 아는 사람이란 데서 '선비'의 뜻이 된 자.

吉 길 길할, 즐거울

사(士)의 말(口)은 참되고 좋다는 데서 '길하다', '착하다'의 뜻이 된 자.

30
뒤 져 올 **치**

발을 가리키는 止를 거꾸로 한 글자로, 머뭇거려서(止) '뒤져 옴'을 가리킨 자.

夆  봉 만날, 끌어당길

풀이 무성하여(圭) 걷는 발(夂)처럼 엇갈린 모양에서 '만나다'.

memo

31

夕
저녁 석

저무는 하늘에 희게 뜬 반달 모양을 본 떠 '저녁' 을 가리킨 자.

外 〔외〕 바깥, 다를, 멀리할, 잃을

저녁(夕)에 점(卜)을 치는 것은 관례에 벗어난다하여 '밖' 을 뜻하게 된 자.

32

大
큰 대

어른이 양팔을 벌리고 섰는 모습이 '큼'을 가리킨 자.

太 〔태〕 클, 심할, 콩 (통)泰

大에 'ヽ'을 더하여 참으로 '큼'을 가리킨 자.

33

女
계집 녀

'여자'가 두 손을 모으고 모로 꿇어앉은 모습을 본뜬 자.

妊 〔임〕 아이 밸. (동)姙 (통)壬

원래, 壬자가 '아이 밴 모양'을 가리킨 자.

34

子
아들 자

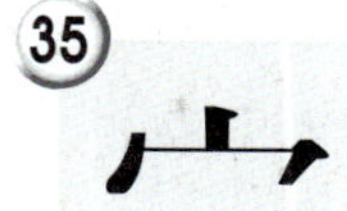

양팔을 벌린 '어린아이'의 모양을 본뜬 자.

孝 〔효〕 효도 입을

늙은(耂) 부모를 아들(子)이 업고 있는 모양.

35

宀
집 면
(갓머리)

'움집'의 위를 '덮어씌운' 모양을 본뜬 자.

宅 〔택〕 (댁 : 관용) 집, 살, 자리, 정할, 묘

사람이 의지하고(乇) 사는 '집(宀)' 을 뜻한 자.

(36) 
寸
마디 촌

손목(夊)에서 맥박(丶)이 뛰는 데까지의 사이를 나타내어 '한 치'의 길이를 가리킨 자.

尊 (존) 높을
술잔(酋)을 손(寸)에 정중히 들고 제상 또는 웃사람에게 바치는 모양.

---

(37) 
小
작을 소

점(丶) 셋으로 물건의 '작은' 모양을 나타낸 자.

尖 (첨) 뽀족할, 날카로울, 작을, 끝
아래는 크고(大) 위끝은 작다(小)는 데서 '뽀족하다'.

---

(38) 
尢
절름발이 왕

한 쪽 정강이가 굽은 사람(大→尢)의 모양을 본떠 '절름발이'를 뜻한 자.

尤 (우) 더욱, 허물
손(ナ←友)에 쥐었던 물건을 떨어뜨려(乚←失) '허물'되었다는 뜻.

---

(39) 
尸
주검 시

사람이 고꾸라져 누운 모양을 본떠 '주검'을 뜻한 자.

屠 (도) 죽일, 잡을, 백정, 가를. (저) 흉노
사람(者)을 '죽인다(尸)'는 뜻으로 된 자.

---

(40) 
屮
싹날 철

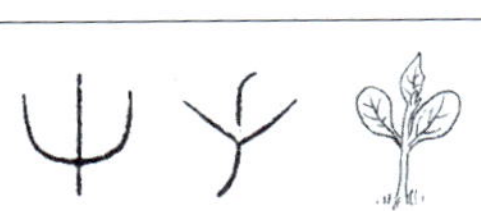 
초록의 떡잎이 '싹터 나온' 모양을 본뜬 자.

屯 (둔) 모일 (준) 어려울
싹(屮)이 힘들게 땅(一)을 뚫고 나오는 모양에서 '어렵다'의 뜻.

memo

41

山
메 **산**

우뚝우뚝 솟은 '산봉우리'의 모양을 본뜬 자.

巖 **암** 바위, 험할, 산굴
　　　엄 높을 (동)岩

산(山)에 굳센(嚴) 모습으로 버티고 있는 '바위'.

42

巛
내 **천**
(개미허리셋)

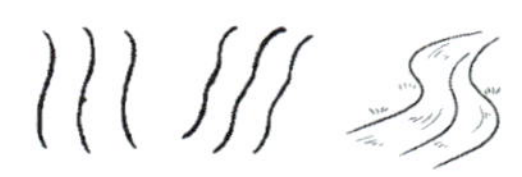

물이 흐르는 모양을 본떠 '내'를 뜻한 자.

巡 **순** 순행할, 물러날.

물(巛)이 돌아서 흘러가듯이 '두루돌아다님(辶)'.

43

工
장인 **공**

목공일 할 때 쓰는 자, 또는 공구의 모양을 본 떠 '만들다'의 뜻이 된 자.

巧 **교** 교묘할, 재주, 예쁠

재치 있게(丂) 만들었다(工) 하여 '교묘(巧妙)하다'의 뜻이 된 자.

44

己
몸 **기**

사람의 척추마디 모양을 나타내어 '몸' 또는 '자기(自己)'를 뜻한 자.

配 **배** 짝, 도울

사람(己)에게 술(酉)을 따라 준다는 데서 '노느다'·'짝'.

45

巾
수건 **건**

'수건'을 몸에 걸친 모양을 본뜬 자.

布 **포** 베, 베풀

손(ナ = 왼손 좌)으로 천(巾)을 '편다'는 뜻에서 오늘날의 자형이 됨.

memo

46 

千
방패 간

‘방패’의 모양을 본뜬 자. 방패를 창이나 화살이 뚫음을 가리켜 ‘범하다’의 뜻으로도 쓴다.

刊 간 깎을, 새길

방패(干)처럼 편편한 널빤지에 글자를 새겨(刂) ‘책을 박아낸다’는 뜻.

47

幺
작을 요

아기가 갓 태어날 때의 모양을 본떠 ‘작다’·‘어리다’의 뜻을 나타낸 자.

幼 유 어릴, 어린이

힘(力)이 약한(幺) ‘어린이’를 뜻하여 된 자.

48

广
집 엄
(음호)

언덕이나 바위를 지붕삼아 지은 ‘바위집’ 또는 ‘돌집’의 모양을 본뜬 자.

庭 정 뜰, 집안, 곧을, 곳, 조정 (통)廷

원래는 벽이 없이 지붕(广)만 덮인 조정(廷)의 작은 ‘뜰’.

49

廴
길게걸을 인
(민책받침)

발을 ‘길게 끌며(乀) 멀리 걸어감(彡)’을 가리킨 자.

廷 정 조정, 법정, 바를, 공평할

뜰을 걸어 나아가(廴) 곧게(壬←庭) 늘어서서 정사를 논의하던 ‘조정’.

50

廾
들 공
(밑스물십)

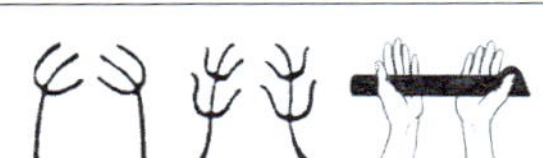

두 손으로 마주 잡아 받들어 올리는 모양을 본떠 ‘손 맞잡다’·‘팔짱끼다’의 뜻을 나타낸 자.

弄 롱 희롱할, 놀, 즐길

구슬(王)을 두 손에 받쳐 들고 (廾) 노는 모양에서 ‘희롱(戲弄)하다’.

51

弓
활 궁

'활'의 모양을 본뜬 자.

弘
홍 크게 할, 클, 넓을,
횡 활 소리

팔을 굽혀(厶) 활(弓) 시위를 당김이 '크다'는 뜻.

52

彡
터럭 **삼**
(삐친석삼)

'머리털'이 보기 좋게 자란 모양을 본뜬 자.

影
영 그림자, 빛, 모습, 초상, 형상. (통) 경

햇살(景)에 의해 아롱진(彡) '그림자'.

53

彳
자축거릴 **척**
(중인변)

허벅다리(丿), 정강이(乀), 발(丨)을 나타내어 '자축거리다'의 뜻이 된 자.

彷
방 방황할, 배회할

여러 방향(方)으로 이리저리 돌아다닌다(彳)는 데서 '방황하다'.

54

心
마음 **심**
(심방변)

'마음'의 바탕이 되는 것으로 생각했던 '심장'의 모양을 본뜬 자.

必
필 반드시, 살필

마음(心)에 말뚝(丿)을 치듯이 결심하고 '꼭' 한다는 뜻으로 된 자.

55

戈
창 과

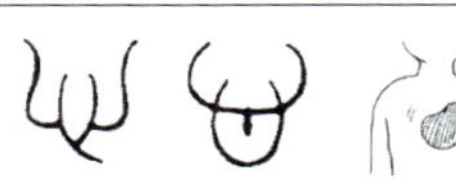

날 부분이 갈라진 '창'의 모양을 본뜬 자.

戒
계 경계할, 고할

두 손(廾)으로 무기(戈)를 든 모양에서 적을 '경계(警戒)한다'.

memo

56

户 지게문 **호**
(문호)

외짝문인 '지게문'의 모양을 본뜬 자.

房 **방** 방, 곁방, 거처, 제기, 전동, 송이

집(戶)의 한쪽(方)에 있는 '방'을 뜻하여 된 자.

57

手 손 **수**
(재방변)

'손'의 모양을 본 뜬 자.

拏 **나** 잡을, 맞당길, 연좌될. (동) 拿·拏

죄지은 자(奴)를 '붙잡는다(手)'는 뜻으로 된 자.

58

攴 칠 **복**
(등글월문)

손(又)에 회초리(卜=상형)를 들고 '똑똑 두드리다' 또는 '치다'의 뜻으로 된 자.

教 **교** 가르칠, 종교

교(敎)의 본자는 아이(子)에게 좋은 일을 본받게(爻=본받을 효) '인도한다'는 뜻.

59

斗 말 **두**

용량을 헤아리는 '말'의 모양을 본뜬 자.

料 **료** 헤아릴, 말질할

쌀(米)을 '말질한다(斗)'는 뜻으로 된 자인데, 널리 '헤아린다'.

60

斤 도끼 **근**
(무게근)

'도끼' 모양을 본뜬 자.

斥 **척** 내칠, 쫓을, 넓힐, 엿볼, 망군, 가리킬

도끼(斤)로 찍어서(丶) '내친다'는 뜻으로 된 자.

memo

61

方

모 **방**

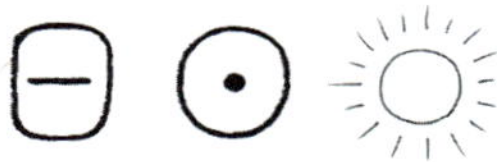

두 척의 배를 붙인 모양이 '모남'을 나타낸 자. 쟁기의 보습이 나아가는 '방향을 가리킨 자.

旁 　**방** 곁

말할 때 입김(于)이 사방(方)으로 퍼짐을 나타내어 '넓다'.

62

日

날 **일**

'해(날)'의 모양을 본뜬 자.

旦 　**단** 아침, 새벽

해(日)가 지평선(一)을 벗어나 떠오른다 하여 '밝다' 또는 '아침'.

63

曰

가로 **왈**

입(口)에서 입김(一)이 나가면서 '말이 됨'을 가리킨 자.

最 　**최** 가장, 극진할, 잘할, 우뚝할, 넉넉할

위험을 무릅쓰고(日) 적의 귀를 잘라(取)오는 큰 모험.

64

月

달 **월**

초승 '달의 모양을 본뜬 자.

朔 　**삭** 초하루, 북방

그믐달이 거꾸로 (屮←逆)선 모양으로 불어나는 '초승달(月)'.

65

木

나무 **목**

땅에 뿌리를 내리고(八) 가지를 뻗으며 자라나는(十←屮=싹날 철) '나무' 모양을 본뜬 자.

枝 　**지** 가지, 흩어질, 버틸, 손마디 (통) 支

나무(木) 줄기에서 갈려나간(支) '가지'.

66

欠
하품 **흠**

입을 벌리고 '하품하는' 모양을 본뜬 자.

次 **차** 버금, 행차

하품하는(欠) 사람은 피곤하여 정진 하지 못하므로 다음(二) '차례(次例)'.

67

止
그칠 **지**

사람이 멈추어 선 발목 아래의 모양을 본떠 '머무르다'·'그치다'의 뜻을 나타낸 자.

武 **무** 호반, 날랜, 군사

창(戈)을 들고 난리를 방지할(止) 목적으로 이루어진 '호반'.

68

歹
뼈앙상할 **알**
(죽을사)

'살을 발라 낸 뼈'의 모양을 본뜬 자. 그 잔악한 모양에서 '몹쓸다'의 뜻으로도 쓰인다.

死 **사** 죽을, 죽음, 끊일, 마칠, 다할, 위태할

사람이 죽어(匕) 뼈(歹)만 남았다 하여 '죽음'의 뜻이 된 자.

69

殳
칠 **수**

몽둥이(几)를 손(又)에 들고 '친다'는 뜻. 몽둥이라는 데서 '날 없는 창'을 뜻하기도 한다.

殺 **살** 죽일, 없앨

(杀)자만으로도 나무(木)를 찍고(丶) 베어(乂= 풀 벨 예) '죽인다'.

70

气
기운 **기**

수증기 모양을 본떠 '구름 기운'을 뜻한 자.

氣 **기** 기후, 기운, 숨, 생기, 공기 (약)気

밥(米)을 지을 때 나는 '증기(气)'를 뜻하여 된 자.

memo

71 水
물 **수**
(삼수변)

물의 흐름을 본뜬 자.

氷　빙　얼음, 얼, 식힐, 전동 뚜껑, (본)泳

물(水)이 얼어붙었다.(冫)하여 '얼음'의 뜻이 된 자.

72 火
불　**화**

타오르는 '불꽃'의 모양을 본뜬 자.

災　재　재앙(災殃)

巛(川=내 천의 본자)와 火의 합침. 수재(巛)·화재(火)등 '재앙(災殃)'.

73 爪
손톱　**조**

물건을 '긁어당기는'·'손톱' 모양을 본뜬 자.

爭　쟁　다툴, 싸울, 분별할
　　정　간할. (약)(争)

서로 손(爪)과 손(⺕)으로 끌어(亅)당기며 '다툰다'.

74 爿
조각널　**장**
(장수장변)

통나무를 두 쪽으로 쪼갠 것 중 왼쪽 것의 모양을 본떠 '조각널'을 뜻한 자.

將　장　거느릴, 장수

널판(爿)에 고기(월←肉)를 벌여 놓고 법도(寸)에 의해 제사를 지내는 장수.

75 片
조각　**편**

통나무를 쪼갠 것 중 오른쪽 것의 모양을 본떠 '조각' 또는 '쪼개다'의 뜻이 된 자.

版　판　조각, 쪽, 판자, 호적, 인쇄할. (통)板

뒤졌다(反)엎었다 하며 켜낸 널조각(片), '판자'

76

牛
소 우

半 半 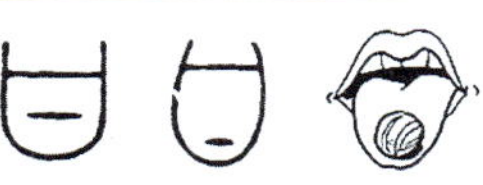		‘소'의 양 뿔과 머리 · 어깨 · 꼬리 등의 모양을 본뜬 자.
牧	목 기를, 다스릴	소(牛)를 먹이 있는 곳으로 회초리(攵)로 몰고 간다는 데서 동물을 '기르다'.

77

犬
개 견
(개사슴록변)

犮 犮 개그림		앞발을 들고 짖어대는 '개'의 모양을 본뜬 자.
狀	장 모양, 문서, 편지, 베풀, 상 (國)(약) 状	널빤지(爿)로 된 대문 옆에 개(犬)가 서 있는 '모양'.

78

玄
검을 현

玄 玄 그림		작은(幺)것이 공기에 가려져(亠) 그 빛이 '검게' 보이거나 '아득함'을 나타내어 된 자.
玆	자 이, 이에 현 검을. (통) 玄	玄에 玄을 합쳐, 빛깔이 '검고(玄 · 玄)"흐리다' 는 뜻으로 된 자.

79

玉
구슬 옥

玉 玉 그림		구슬 세(三) 개를 꿴(丨)모양을 본뜬 자. 후에 王과의 혼동을 피하기 위해 '丶'을 덧붙임.
珠	주 구슬, 눈동자	빛깔이 붉은(朱) 구슬(玉)을 뜻하여 된 자.

80

甘
달 감

甘 甘 입그림		입 안(ㅂ→口)의 혀끝(一)으로 '단맛'을 가려냄을 가리킨 자.
甚	심 심할, 더욱	한 쌍(匹-짝 필)의 남녀가 달콤한(甘) 사랑을 속삭이니 '심하다'.

(81)

田
밭 **전**

밭과 밭 사이에 사방으로 난 둑의 모양을 본떠 '밭'을 뜻하게 된 자.

畓 **답** 논(國字)

水(물 수)와 田의 합침. 물(水)이 있는 밭(田), 곧 '논'.

(82)

疋
발 **소**

발목에서 발끝까지의 모양을 본떠 '발'을 나타낸 자.

疑 **의** 의심할, 그럴 듯할 / **응** 정할

어린애(ㄷ)가 뜻을 정하지 (疋) 못해 망설인다.

(83)

疒
병들 **녁**
(병질안)

사람이 병상에서 팔을 늘어뜨리고 기댄 모양을 보여 '병듦'을 가리킨 자.

病 **병** 병들, 근심할

불을 밝혀(丙) 밤새워 간호해야 할 정도로 앓는 '병(疒)'을 뜻한 자.

(84)

癶
걸을 **발**
(필발머리)

두 발(ㄱ, ㄴ)을 벌리고 걸어가려는 모양에서 '걷다' · '가다'의 뜻이 된 자.

登 **등** 오를, 나갈, 높을, 탈, 이룰, 익을

발판((豆)을 밟고(癶) 높은 데에 '오른다'.

(85)

白
흰 **백**

해(日)의 빛(′)이 '흼'을 가리킨 자.

的 **적** 밝을, 과녁, 어조사, 표준, 의, 것

흰(白) 동그라미(ㄱ)를 가리켜(一) '과녁'.

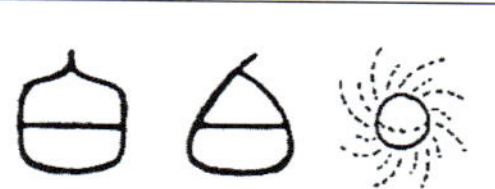

86 

皿

그릇 명

 위가 넓고 받침이 있는 쟁반 모양을 본떠 '그릇'을 뜻한 자.

盤 **반** 소반, 큰돌 음식을 담아 옮기는(般) 넓적한 그릇(皿), 즉 '소반(小盤)'.

87

目

눈 목

 사람의 눈 모양을 본떠 '눈' 보다의 뜻이 된 자.

盲 **맹** 소경, 어두울 눈동자(目)가 없다(亡)는 데서 '소경'의 뜻.

88 

矛

창 모

뾰족한 쇠를 긴 자루 끝에 박은 '세모진 창'의 모양을 본뜬 자.

矜 **긍** 자랑, 불쌍할 창(矛)을 방금(今) 잡은 자가 잘난 체 한다는 데서 '자랑'.

89

矢

화살 시

'화살'의 모양을 본뜬 자.

短 **단** 짧을 콩단이(豆) 화살같이(矢) 짧다.

90

石

돌 석

 언덕(厂) 아래에 굴러 떨어진 '돌덩이(口)' 모양을 본뜬 자.

砲 **포** 대포 돌(石)을 여러 개 싸서(包) 쏘아 한꺼번에 나가게 했던 '돌 쇠뇌'.

(91)

示
보일 **시**

제물을 차려 놓는 '제단' 모양을 본떠 그 제물을 신에게 '보임'을 나타낸 자.

祭 제 제사, 기고, 제사지낼.

고기(夕)를 집어(又) 제단(示)에 놓고 지내는 '제사祭祀'.

---

(92)

内
짐승발자국 **유**

구부러져(冂) 둥그렇게(厶) 난 '짐승의 발자국' 모양을 본뜬 자.

禽 금 짐승, 날짐승, 사로잡을, 포로. (통)擒

'날 짐승(离=짐승 리)'을 그물로 씌운 (人) 모양에서 '사로잡다'.

---

(93)

禾
벼 **화**

볏대(木)에서 이삭이 패어 드리워진(丿) 모양을 본떠 '벼'의 뜻을 나타낸 자.

秋 추 가을, 말 뛰놀

햇볕(火)을 받아 익은 곡식(禾)을 거둬들이는 계절.

---

(94)

穴
구멍 **혈**

집(宀)으로 삼을 수 있도록 파헤쳐진(八) 굴 '구멍'을 뜻한 자

空 공 빌, 없을, 구멍, 궁할

땅을 파낸(工) 굴(穴)처럼 속이 '비다'·'없다'의 뜻으로 된 자.

---

(95)

立
설 **립**

땅(一)에 바로 '선'사람(立) 모양을 본뜬 자.

竣 준 일 마칠, 물러설, 그칠

立과 夋(갈 준 음부)의 합침. 걸어가다가(夋←俊) 섰다(立)는 데서 '그치다'.

96

竹
대 죽

林 竹 (竹 그림)	'대'와 그 이파리 모양을 본뜬 자.
筆 〔필〕 붓, 쓸, 글씨, 글	竹과 聿(붓 율 음부)의 합침. 붓을 대(竹)로 만든데서 된 자.

97

米
쌀 미

米 米 (米 그림)	겉껍질이 까져(十) 나온 '쌀알들(◌◌)' 모양을 가리킨 자.
粉 〔분〕 가루, 분, 분바를, 회, 빻을	쌀(米)이 잘게 나뉘어져(分) 부숴진 가루.

98

糸
실 사

糸 糸 (실타래 그림)	'가는 실'을 감는 실타래 모양을 본뜬 자.
綿 〔면〕 솜, 고치솜, 동일, 잇닿을 (통)棉	가는 명주실(帛)은 섬유(糸)가 끊이지 않고 '잇닿았다'.

99

缶
장군 부
(질그릇부)

缶 缶 (질그릇 그림)	배가 불룩하고 아가리가 좁은 '질그릇(장군)' 모양을 본뜬 자.
寶 〔보〕 보배, 귀할	집(宀) 안의 큰 그릇(缶)에 담긴 구슬(玉)과 재물(貝)을 가리켜 '보배'.

100

羊
양 양

羊 羊 	'양의 두 뿔과 네 발 및 꼬리 등의 모양을 본뜬 자.
善 〔선〕 착할, 옳게 여길	양(羊)과 같이 온순하고 어진 사람은 두말할(䒑) 것 없이 '착하다'.

memo

101

羽
깃 우

새의 긴 '깃' 또는 '날개' 모양을 본뜬 자.

習 습 익힐, 버릇, 거듭, 풍습, 습관

어린 새가 여러 번(白) 날기를(羽) 거듭 '익힌다'.

102

老
늙을 로

허리 굽은(匕) '늙은이(耂=毛+人)'가 지팡이를 짚고 있는 모양을 나타낸 자.

考 고 상고할, 노인, 헤아릴, 칠, 죽은 아비

성장이 막히고(丂←亐) 허리가 굽은 '노인(耂)'을 뜻하여 된 자.

103

而
말이을 이

'윗수염'을 본뜬 자. 수염 사이로 말이 나온다 하여 문장을 '이을' 때의 어조사로 쓰인다.

耐 내 참을, 구레나룻 깎을

죄를 짓고 법도(寸)에 의해 수염(而)을 깎이는 것을 '참는다'.

104

耒
따비 뢰
(쟁기뢰)

잡초(耒=풀날개)를 캐고 밭을 일구는 나무(木)로 된 연장의 하나인 '따비'를 뜻한 자.

耕 경 밭갈, 겨리질할

쟁기(耒)로 밭이랑(井)을 지으며 '밭을 갈다'.

105

耳
귀 이

'귀'의 모양을 본뜬 자.

取 취 / 추 가질, 빼앗을

전쟁에서 적을 죽인 표시로 그 귀(耳)를 손(又)에 가지고 온 데서 뜻이 된 자.

106

聿
붓　율

'붓'을 잡고 손을 놀려(聿=붓 율) 글자획(一)을 그음을 가리킨 자.

律 **률**　법률, 절제할

사람이 지켜가야(行)할 바를 붓(聿)으로 쓴 '법률(法律)'.

107

肉
고기　육
(육달월)

근육 및 그 단면의 모양을 본떠 '살' 또는 '몸'의 일부를 뜻한 자.

腐 **부**　썩을, 두부

곳간(府)에 오래 놓아 둔 고기(肉)가 '썩는다'는 뜻으로 된 자.

108

臣
신하　신

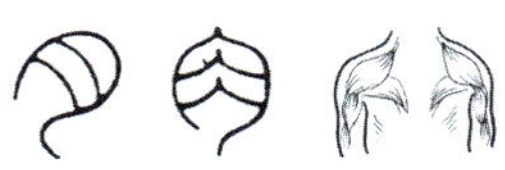

임금 앞에서 몸을 꿇고 엎드린 '신하'의 모양을 본뜬 자.

臥 **와**　누울, 눕힐, 쉴, 엎딜, 침실
(속)卧

신하(臣)가 임금(人) 앞에 '엎드린다'는 뜻으로 된 자.

109

至
이를　지

(土)는 땅(ㅈ)을 나는 새 또는 화살. 새 또는 화살이 날아와 땅에 '이름'을 나타낸 자.

臺 **대**　누각, 관청, 돈대

높이(高-高) 쌓아 높고 머무르는(至 · 室) 곳인 '돈대'나 '누각'.

110

臼
절구　구

확(臼)에 쌀(一)이 든 모양을 본뜬 자.

毁 **훼**　헐, 무너질

진흙(土)이나 돌로 만든 절구통(臼)에 쌀을 찧을(殳) 때 절구통이 이지러진다.

(111)

舌
혀 설

입(口) 안에서 방패(干) 같은 구실을 하는 '혀'를 나타낸 자.

話 화 말씀, 이야기, 착한 말
혀(舌)로 말(言)함을 가리켜 '말씀' 또는 '이야기'의 뜻.

(112)

舛
어그러질 **천**

오른발(夕←牛)과 왼발(牛)이 각각 다른 방향으로 '어겨져' 있음을 나타낸 자.

舜 순 무궁화
꽃(严←瞬)이 피고 지고 하기를 끊임 없이 번갈아(舛)하는 '무궁화꽃'.

(113)

舟
배 주

통나무를 파서 만든 '쪽배'의 모양을 본뜬 자.

般 반 일반, 옮길, 돌, 돌아올, 펼, 셈 (통)搬
배(舟)에 물건을 싣고 노(殳)저어 '옮아간다'.

(114)

艸
풀 초
(초두)

초목의 싹들(屮·屮)이 돋아 나오는 모양에서 '풀싹'의 뜻이 된 자.

菜 채 나물, 반찬, 캘
먹을 수 있는 풀(艹)을 캠(采·採)을 가리켜 '나물'.

(115)

虍
범의문체 **호**
(범호)

얼룩덜룩한 줄무늬가 진 호랑이 가죽의 모양을 본떠 그 '문체'를 나타낸 자.

虐 학 사나울, 학대할
범(虍)이 발톱(ㄴ)으로 할퀴며 덤빈다 는 데서 '사납다'.

116 虫
벌레 충

뱀이 사리고 있는 모양을 본뜬 자로, 널리 '벌레' 의 뜻으로 쓰인다.

蜜 밀 꿀
벌(虫)이 빽빽하게 (宓←密) 지은 집에 저장해 두는 '꿀'.

117 衣
옷 의

사람들(衣←人人)이 몸을 감싸 덮는(亠) '옷'을 뜻한 자.

裝 장 행장(行裝), 쌀, 꾸밀, 동일
옷(衣)을 성하게(壯) 차린다는 데서 '꾸미다'.

118 襾
덮을 아

위에서 덮고(冂) 아래에서 받친(凵) 데에다 다시 뚜껑(一)으로 '덮는다'는 뜻으로 된 자.

栗 률 밤나무, 엄할, 여물
가시 돋고 벌어진 송이가 매달린(覀) '밤나무(木)'.

119 見
볼 견

사람(儿)이 눈(目)으로 '본다'는 뜻으로 된 자.

視 시 볼, 본받을
示는 남에게 보임. 見은 자기가 봄. 보이고(示) 또 본다(見)는 데서 '살피다'.

120 角
뿔 각

짐승의 '뿔' 모양을 본뜬 자.

解 해 풀, 해부할 / 개 해찔
소(牛)의 두 뿔(角) 사이를 칼(刀)로 쳐 '풀다'.

memo

121

言
말씀 언

스스로 생각한 바를 곧바로 찔러서(辛←辛-찌를 건) '말한다(口)'는 뜻으로 된 자.

訓　훈　가르칠, 경계할, 새길

냇물(川)이 위에서 아래로 흐르듯이 이치를 좇아 타이른다(言) '가르치다'.

122

豆
콩 두

'제기' 모양을 본뜬 자로, 콩꼬투리같이 생긴 그 모양에서 '콩'의 뜻으로 널리 쓰인다.

豊　풍　풍성할, 풍년들, 예도 禮의 옛자

'풍성(豊盛)히' 담긴(曲) 그릇(豆) 모양을 본뜬 자.

123

豕
돼지 시
(돼지 시)

'돼지'의 머리 및 등(一)·네 발(彐)·꼬리(乀)의 모양을 본뜬 자.

豚　돈　돼지, 새끼돼지

살(月)이 통통히 찐 '새끼돼지(豕)'를 뜻하여 된 자.

124

豸
해태 치
(갖은돼지시)

'맹수'가 발을 모으고 등을 높이 세워 덤벼드는 모양을 본뜬 자.

豹　표　표범

눈이 작고(勺) 동글동글한 무늬가 있는 맹수(豸)의 하나인 '표범'을 뜻한 자.

125

貝
조개 패
(조개패)

'조개' 모양을 본뜬 자. 조가비를 화폐로 사용했던 데서 '돈'이나 '재물'의 뜻으로 쓰인다.

買　매　살, 구해 가질

돈(貝)을 주고 바꾼 물건을 망태기(罒)에 담는다.

(126) 走 달아날 주

팔을 휘저으며(大) 발(止←止)을 재게 내딛으며 '달아남'을 나타낸 자.

超 초 — 뛰어넘을, 뛰어날, 높을, 넘을

웃사람이 불러서(召) '뛰어간다(走)' 는 뜻.

(127) 足 발 족

허벅다리 또는 슬개골(口)에서 발가락(止←止) 끝까 지의 모양을 본떠 '발'을 뜻한 자.

跡 적 — 발자취, 행적, 사적 (동)迹 (통)蹟

발(足)을 거듭(亦) 옮겨서 난 흔적, 즉 '발자취'.

(128) 車 수레 거

車 자형 수레

'수레'를 옆에서 본(원형은 車) 모양을 본뜬 자로, 그 '바퀴'의 뜻으로도 쓰인다.

軌 궤 — 수레바퀴, 굴대, 법, 좇을, 바퀴 자국

수레바퀴(車)의 여러 살을 에워싼 구 부정한(九) '바퀴둘레'.

(129) 辛 매울 신

辛 자형

죄(辛=죄 건)를 범한(一) 자 이마에 바늘로 찔러 표 했던 데서 '혹독하다' · '맵다'의 뜻이 된 자.

辯 변 — 말 잘 할, 풍유할 (약)弁

다투는(幸幸) 두 사람의 말을 듣고 옳고 그름을 가려 쇤명한다(言).

(130) 辶 쉬엄쉬엄갈 착 (책받침)

조금 걷다가(彳←彳) 멈추곤(止←止)하며 간다 하여 '쉬엄쉬엄 가다'의 뜻이 된 자.

速 속 — 빠를, 조래할

束(묶을 속 음부)에 辶의 받침. 약속 (束) 시간에 맞추려고 급히 간다(辶).

(131)

邑
고을 **읍**
(우부방)

일정한 경계(口) 안에 사람(巳←卩=마디 절)들이 모여 사는 '고을' 또는 '읍'을 뜻한 자.

鄕 향 시골, 고향, 곳, 대접할 (통)饗

어릴 때(幺-작을 요) 따뜻한 밥(皀-고소할 흡)을 먹던 고을(阝-읍)의 시골.

---

(132)

酉
술 **유**
(닭 유)

'술' 병 모양을 본뜬 자. 酒(술 주)의 옛자. 12지에서는 '닭'의 뜻으로 쓰인다.

醫 의 의원, 병 고칠. (약)医

전쟁시 창(殳)과 화살(矢)에 맞아 파인 자국(匸)에 술(酉)로 소독하여 치료하다.

---

(133)

金
쇠 **금**

흙(土)에 덮여(亼) 있는 광석(丷)을 나타내어 '금'을 뜻한 자.

針 침 바늘, 꿰맬, 침찌를. (본)鍼

(十)자는 실을 꿴 바늘의 모양. 쇠(金)로 된 '바늘(十)'을 뜻한 자.

---

(134)

門
문(두짝) **문**

두 짝 '문'의 모양을 본뜬 자.

閉 폐 닫을, 마칠, 가릴, 덮을.
별 감출, 막을

문(門)에 빗장(才)을 끼운 모양에서 '닫다'의 뜻이 된자.

---

(135)

阜
언덕 **부**
(좌부방)

흙이 겹겹이 쌓이고 덮쳐진 산의 단층 모양을 본떠 큰 '언덕'을 뜻한 자.

陸 륙 육지, 뭍, 두터울, 뛸, 길, 어긋날

언덕(阝)과 큰 흙덩이(坴)가 높고 낮게 잇닿아 된 '육지(陸地)'를 뜻한 자.

136

隸

밑 이

隸

꼬리(水←尾)를 붙잡고(ㅋ=又) 뒤쫓아간다는 데서 '미치다' 또는 '밑'의 뜻이 된 자.

예 종, 붙이, 죄인, 서체, 검열할. (동)隸

저지른 죄의 꼬리가 잡혀(隶) 그 벌(隶)로서 '종이 되었다'는 뜻으로 된 자.

137

隹

새 추

集

꽁지가 몽똑하게 짧은 '새'의 모양을 본떠, 꽁지 짧은 새를 통틀어 일컫는 자.

집 모을, 나아갈, 문집, 가지런할, 편할

새(隹) 떼가 나무(木)를 뒤덮듯이 많이 앉은 모양에서 '모이다'의 뜻이 된 자.

138

雨

비 우

雪

구름에서 빗방울이 떨어지는 모양을 본 떠 '비' 또는 '비오다'의 뜻이 된 자.

설 눈, 눈 내릴, 흴, 씻을 (雪辱=설욕)

비(雨)가 얼어서 내리는 눈발을 손(ㅋ=又)으로 받는 모양.

139

韋

가죽 위

韓

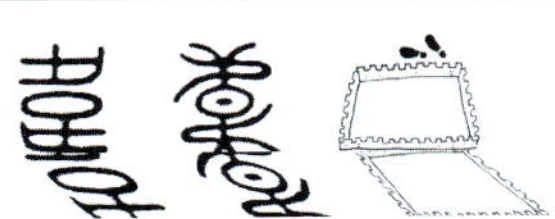

'다룬 가죽'을 본뜬 자. 또는, 성의 주위를 군인이 어긋 디디며 다닌 발자국 모양을 본뜬 자.

한 우물 담, 나라 이름, 한국

아침 햇빛(卓)을 받아 아름답게 빛나는 '우물담(韋)' 같은 성의 나라.

140

頁

머리 혈

顔

사람의 목에서 '머리(首=百)' 끝까지의 모양을 본뜬 자.

안 얼굴, 빛, 편액, 산 우뚝할

선비(彦)의 훤칠한 이마(頁)를 가리켜 '얼굴'을 뜻하게 된 자.

memo

(141)

食 밥 식 (먹을식)

밥(皀=良 밥 고소할 흡)을 모아(亼=모을 집) 담은 모양을 본떠 '밥' 또는 '먹다'의 뜻이 된 자.

飮 음 마실, 음료, 잔치, 머금을, 숨길. (약)飮

입을 크게 벌리고(欠) 물이나 술 따위를 마신다(食).

(142)

鹿 사슴 록

'사슴'의 뿔 및 머리(亠)·몸통(罒)·네 발(比)의 모양을 본뜬 자.

麗 려 고울, 붙을, 맑을, 맨

리 부딪힐

사슴(鹿)이 나란히 짝지어(ⅻ)가는 모양

(143)

黑 검을 흑

불뗄 때 연기(杢)가 창(囧) 사이로 빠져 나가면서 그을어진 것이 '검다'는 뜻.

默 묵 고요할, 말없을, 흐릴, 가리킬, 침잠할

캄캄한(黑) 밤에 개(犬)마저 짖지 않는 '고요'.

(144)

馬 말 마

'말'의 머리·갈기와 꼬리(馬)·네 굽(灬) 등의 모양을 본뜬 자.

騷 소 시끄러울, 흔들릴

말(馬)이 물것에 물려 벼룩(蚤)처럼 마구 날뛴다.

(145)

骨 뼈 골

살(月←肉)이 발라내진 (冎=살 발라낼 과) '뼈'를 뜻하여 된 자.

體 체 몸, 근본. (약)体

뼈(骨)와 살과 오장육부(豊)로 이루어진 '몸'을 뜻하여 된 자.

(146)

音
소리 음

소리에 마디가 있음을 나타내어 言의 아랫부분 口에 한 획(一)을 더 그어 '소리'를 가리킨 자.

韻 <u>운</u> 울림, 운치, 화할

사람(員)이 글을 읽는 소리(音)의 높낮이를 가리켜 '운'.

(147)

髟
머리늘어질 표
(터럭발)

긴(镸←長) 머리카락(彡)이 '늘어짐'을 나타낸 자.

髮 <u>발</u> 터럭, 머리카락, 모래 땅, 메마를

개꼬리(犮←拔) 같이 늘어진 긴 '머리털(髟)'.

(148)

鬼
귀신 귀

죽은(甶=귀신머리 불) 사람(儿)의 영혼이 사악하게(厶) 사람을 해치는 '귀신'을 뜻한 자.

魂 <u>혼</u> 넋, 마음

구름(云)처럼 떠다니는 죽은 사람의 넋(鬼).

(149)

魚
고기 어

'물고기'의 머리(⺈)·몸통(田)·지느러미(灬)의 모양을 본뜬 자.

鯨 <u>경</u> 고래

고기(魚)가 대궐같이(京) 크다 하여 '고래'.

(150)

鳥
새 조

꽁지가 긴 '새'의 모양을 본뜬 자(隹자 참조).

鳴 <u>명</u> 울, 울릴, 새가 울, 부를

새(鳥)이 주둥이(口)를 벌리고 '울'을 나타내어 된 자.

2편 배정한자 5단계 학습(301~500자)

5급 배정한자 301~305 자원 풀이

301 價

값 **가**　　〔人 15획〕

亻: 사람 인, 賈: 장사 고

상품에(貝) 가격을 표시(襾-票)하여 정한 값.

亻　仁　價　價　價

價格 - 가격 (격식 격)
定價 - 정가 (정할 정)

302 可

옳을 **가**　　〔口 5획〕

口: 입 구, 于: 어조사 우

옳은 말이(口) 입으로 토해 나오다(于).

一　丁　ㄱ　口　可

可決 - 가결 (결단할 결)
可能 - 가능 (능할 능)

303 加

더할 **가**　　〔力 5획〕

力: 힘 력, 口: 입 구

일을 힘써(力) 돕고 말(口)을 곁들여 더하다.

フ　力　加　加　加

加減 - 가감 (덜 감)
加工 - 가공 (장인 공)

304 改

고칠 **개**　　〔攴 7획〕

己: 몸 기, 攵-攴: 칠 복

스스로 자기(己) 잘못을 쳐서(攵-攴) 고치다.

コ　己　ヨ　改　改

改良 - 개량 (어질 량)
改正 - 개정 (바를 정)

305 客

손 **객**　　〔宀 9획〕

宀: 집 면, 各: 다를 각

집 안에(宀) 다른 사람이(各) 손님이다.

、　宀　宀　客　客

客席 - 객석 (자리 석)
客室 - 객실 (집 실)

1 배정한자 301~305

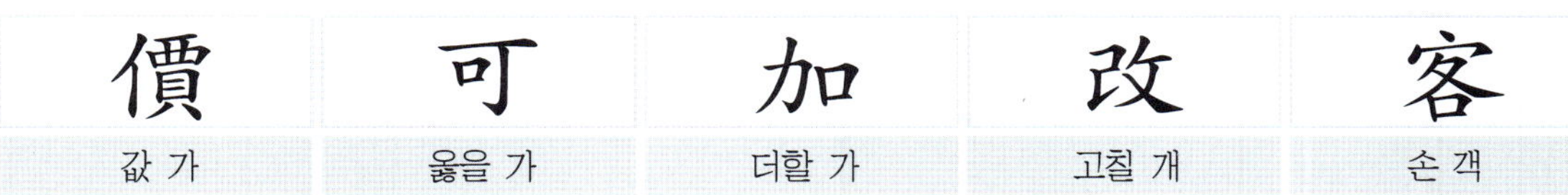

價	可	加	改	客
값 가	옳을 가	더할 가	고칠 개	손 객

2 훈음과 한자를 쓰시오.

보기

價 格		價 格			定 價	
가격	격식 격	가격	값 가 / 격식 격	정가	정할 정	정가	정할 정 / 값 가

價格 — 가격 / 값 가

定價 — 정가 / 정할 정

可決 — 가결 / 옳을 가

可能 — 가능 / 능할 능

加減 — 가감 / 더할 가

加工 — 가공 / 장인 공

改良 — 개량 / 고칠 개

改正 — 개정 / 바를 정

客席 — 객석 / 손 객

客室 — 객실 / 집 실

가격 / 격식 격

정가 / 가격 가

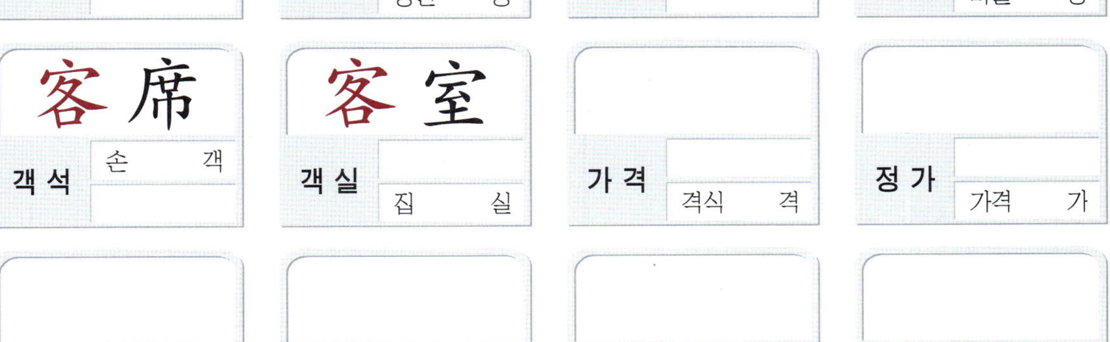

가결 / 결단할 결

가능 / 옳을 가

가감 / 덜 감

가공 / 더할 가

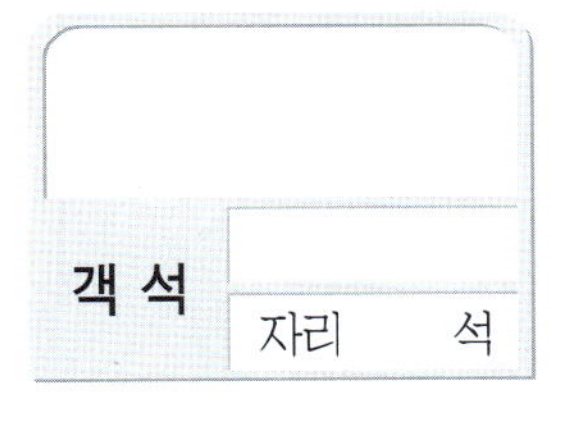

개량 / 어질 량

개정 / 고칠 개

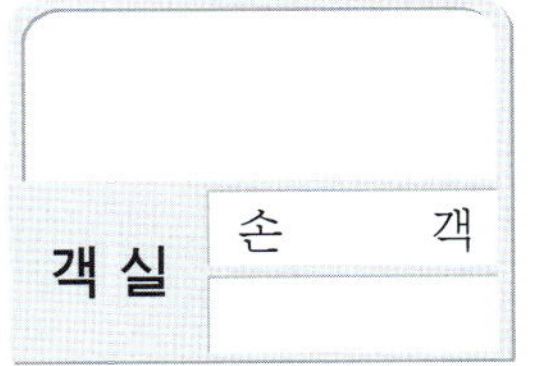

객석 / 자리 석

객실 / 손 객

memo

3 ( ) 안에 훈음을 쓰시오.

> **보기**
> (값 가) (격식 격)
> 물건에 값을 매긴 것　價　格　　定　價　(정할 정) (값　가)
> 일정한 금액으로 정한 가격

(　　　　)(　　　　)　　價　格　　定　價　　일정한 금액으로 정한 가격
물건에 값을 매긴 것.　　　　　　　　　　　　　　(　　　　)(　　　　)

(　　　　)(　　　　)　　可　決　　可　能　　할 수 있을 정도의 능력
의안을 결정지음.　　　　　　　　　　　　　　　(　　　　)(　　　　)

(　　　　)(　　　　)　　加　減　　加　工　　공산품을 만들어 내는 것.
더하고 빼는 것.　　　　　　　　　　　　　　　(　　　　)(　　　　)

(　　　　)(　　　　)　　改　良　　改　正　　바르게 고치는 것.
좋도록 고치는 것.　　　　　　　　　　　　　　(　　　　)(　　　　)

(　　　　)(　　　　)　　客　席　　客　室　　손님이 거처하는 방
손님의 자리.　　　　　　　　　　　　　　　　(　　　　)(　　　　)

4 독음과 한자를 쓰시오.

價格	可決	加減	改良	客席
정　가	가　능	가　공	개　정	객　실

5 한자를 쓰시오.

301 價 값 가

302 可 옳을 가

303 加 더할 가

304 改 고칠 개

305 客 손 객

5급 배정한자 306 ~ 310 자원 풀이

306 擧	들 거 [手 18획] 與:더불 여, 手:손 수	여럿이 함께(與) 손을(手) 모아 물건을 들다.	
手 · 朗 · 朗 · 與 · 擧		擧手 - 거수 (손 수) 擧動 - 거동 (움직일 동)	

307 去	갈 거 [厶 5획] 土 - 大(사람), 厶 (밥그릇)	사람이(土-大) 밥그릇(厶)을 버리고 간다.	
一 · 十 · 土 · 去 · 去		去勢 - 거세 (형세 세) 過去 - 과거 (지날 과)	

308 建	세울 건 [廴 9획] 聿:붓 율, 廴:당길 인	붓(聿)으로 글씨를 써 내릴 때도 붓을 세우다.	
コ · ョ · ョ · 聿 · 建		建物 - 건물 (물건 물) 建築 - 건축 (쌓을 축)	

309 件	물건 건 [亻 6획] 亻:사람 인, 牛:소 우	사람이(亻) 소를(牛) 키워 물건을 운반한다.	
亻 · 亻 · 仁 · 仁 · 件		案件 - 안건 (책상 안) 條件 - 조건 (가지 조)	

310 健	굳셀 건 [亻 11획] 亻:사람 인, 建:세울 건	사람이(亻) 바로선(建) 자세가 굳세다.	
亻 · 俘 · 俘 · 健 · 健		健康 - 건강 (편안할 강) 健脚 - 건각 (다리 각)	

1 배정한자 306~310

擧	去	建	件	健
들 거	갈 거	세울 건	물건 건	굳셀 건

2 훈음과 한자를 쓰시오.

3 ( ) 안에 훈음을 쓰시오.

보기

(값 가) (격식 격)
물건에 값을 매긴 것   價 格   定 價   (정할 정) (값 가)
일정한 금액으로 정한 가격

(   )(   )
손을 드는 것.
거수로 반장 선거   擧 手   擧 動   움직임을 시작하는 것.
노인의 거동이 불편하다.
(   )(   )

(   )(   )
세력을 없애는 것.
세력을 거세.   去 勢   過 去   지나간 일과 시간,
과거의 반대 미래.
(   )(   )

(   )(   )
빌딩과 같은 건축물 토지
건물대장.   建 物   建 築   쌓아서 짓다.
빌딩을 건축.
(   )(   )

(   )(   )
제안된 의견의 안.
정부가 안건을 제시하다.   案 件   條 件   안건에 대한 제안 조건.
(   )(   )

(   )(   )
몸이 튼튼하고 편안함.
걷기 운동으로 건강유지.   健 康   健 脚   굳센 다리 선수들의 건각.
(   )(   )

4 독음과 한자를 쓰시오.

擧 手	去 勢	建 物	案 件	健 康
거 동	과 거	건 축	조 건	건 각

5 한자를 쓰시오.

memo

| 306 | 擧 / 擧 | | | | | | |
| 擧
들 거 | 擧 / 擧 | | | | | | |

| 307 | 去 / 去 | | | | | | |
| 去
갈 거 | 去 / 去 | | | | | | |

| 308 | 建 / 建 | | | | | | |
| 建
세울 건 | 建 / 建 | | | | | | |

| 309 | 件 / 件 | | | | | | |
| 件
물건 건 | 件 / 件 | | | | | | |

| 310 | 健 / 健 | | | | | | |
| 健
굳셀 건 | 健 / 健 | | | | | | |

5급 배정한자 311 ~ 315 자원 풀이

311
格
격식 **격**　　[木 10획]

木 : 나무 목, 各 : 각각 각

十　木　杉　格　格

나무(木) 가지가 각각(各) 일정한 격식에 따라 뻗는다.

格式 - 격식 (법 식)
合格 - 합격 (합할 합)

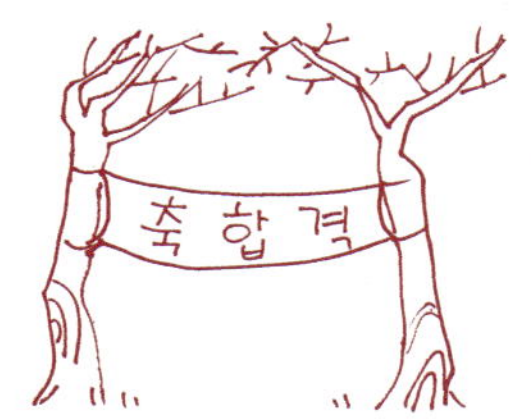

312
見
볼 **견**　　[見 7획]

目 : 눈 목, 儿 - 人(사람)

冂　冃　目　貝　見

사람이 두 발로(儿) 서서 눈(目)으로 본다.

見聞 - 견문 (들을 문)
見習 - 견습 (익힐 습)

313
決
결단할 **결**　　[氵 7획]

氵(물), 夬 : 터 놓을 쾌

氵　氵　江　決　決

물꼬를(氵) 터놓는다(夬)에서 결단하다.

決斷 - 결단 (끊을 단)
決判 - 결판 (판단할 판)

314
結
맺을 **결**　　[糸 12획]

糸 : 실 사, 吉 : 길할 길

幺　糸　紆　結　結

실을(糸) 매 듯 좋은 인연을(吉) 맺어 주다.

結果 - 결과 (실과 과)
結婚 - 결혼 (혼인 혼)

315
敬
공경할 **경**　　[攴 13획]

苟 : 진실로 구, 攵 - 攴

十　艹　芍　苟　敬

마음을 참되게(苟) 가지고자 스스로 채찍질(攵)하며 공경하다.

敬虔 - 경건 (삼갈 건)
敬老 - 경로 (늙을 로)

1 배정한자 311~315

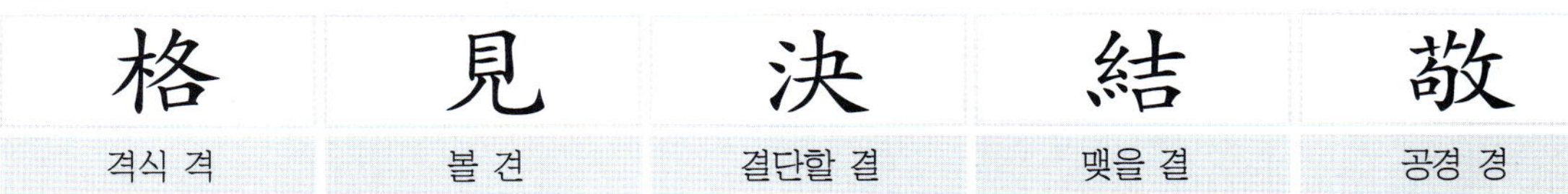

2 훈음과 한자를 쓰시오.

memo

3 (   ) 안에 훈음을 쓰시오.

보기

(값 가) (격식 격)
물건에 값을 매긴 것   價 格   定 價   (정할 정) (값 가)
일정한 금액으로 정한 가격

(   ) (   )
어떤 일에 의식을 지킴.   格 式   合 格   시험 입학에 붙음.
예복이 격식에 맞다.   대입시험에 합격.
(   ) (   )

(   ) (   )
보고 들어서 아는 상식.   見 聞   見 習   본보기로 익히는 것.
여행으로 견문을 넓히다.   견습기자.
(   ) (   )

(   ) (   )
일에 매듭을 짓는 단안.   決 斷   決 判   판단하여 결론을 내다.
군에 지원을 결단하다.   승부에 결판을 내다.
(   ) (   )

(   ) (   )
일의 마지막 효과.   結 果   結 婚   남녀가 혼인한다.
열심히 공부한 결과 성공.   결혼기념일.
(   ) (   )

(   ) (   )
삼가 조심하여 공경함.   敬 虔   敬 老   노인을 공경함.
경건한 마음으로 묵념.   경로사상.
(   ) (   )

4 독음과 한자를 쓰시오.

格 式	見 聞	決 斷	結 果	敬 虔
합 격	견 습	결 판	결 혼	경 로

5 한자를 쓰시오.

311
格
격식 격

312
見
볼 견

313
決
결단할 결

314
結
맺을 결

315
敬
공경 경

memo

5급 배정한자 316 ~ 320 자원 풀이

316 景

별 **경** [日 12획]

日 : 날 일, 京 : 서울 경

해가(日) 궁전(京) 위에 뜨니 별이 들어 밝다.

口 旦 昙 봄 景

景致 - 경치 (이를 치)
風景 - 풍경 (바람 풍)

317 輕

가벼울 **경** [車 14획]

車 : 수레 거, 巠 : 물줄기 경

물길같이(巠) 굽은 길을 수레가(車) 가볍게 달린다.

口 亘 車 輕 輕

輕重 - 경중 (무거울 중)
輕視 - 경시 (볼 시)

318 競

다툴 **경** [立 20획]

立 : 설 립, 口 : 儿 - 人

두 사람이(儿儿) 마주 서서 (立立) 말(口)로 다툰다.

立 竞 竞 競 競

競走 - 경주 (달아날 주)
競爭 - 경쟁 (다툴 쟁)

319 告

고할 **고** [口 7획]

牛 : 소 우, 口 : 입 구

소를(牛-牛) 잡아 제물로 바치고 신에게 고한다(口).

ㅗ 生 牛 告 告

告訴 - 고소 (호소할 소)
告發 - 고발 (필 발)

320 考

생각할 **고** [老 6획]

耂 - 老, 丂 - 丂

성장이 막히고(丂) 허리가 굽은 노인(耂)의 생각이 깊다.

十 土 耂 考 考

思考 - 사고 (생각 사)
考案 - 고안 (책상 안)

1 배정한자 316~320

景	輕	競	告	考
볕 경	가벼울 경	다툴 경	고할 고	생각할 고

2 훈음과 한자를 쓰시오.

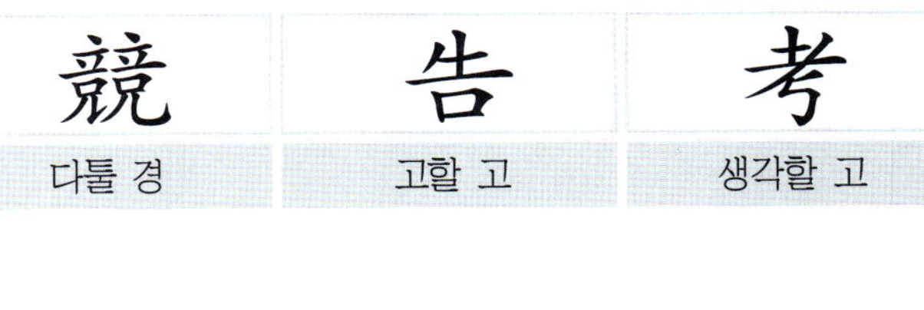

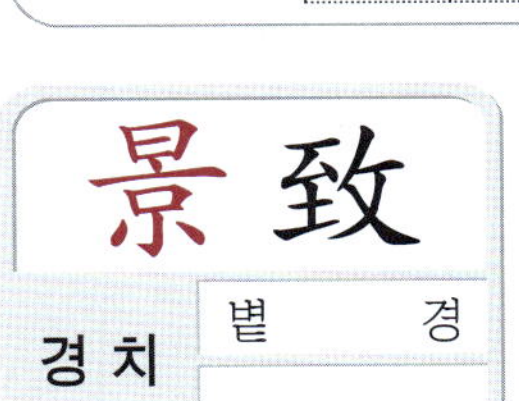
경 치 볕 경

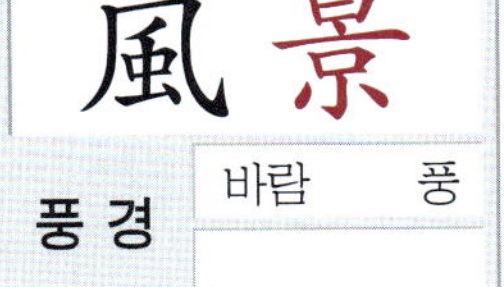
풍 경 바람 풍

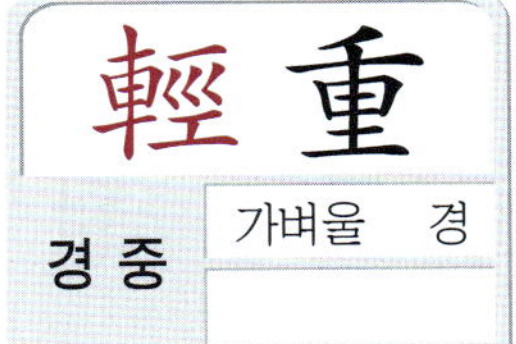
경 중 가벼울 경

경 시 볼 시

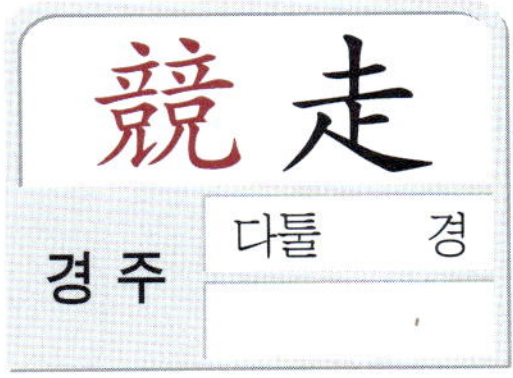
경 주 다툴 경

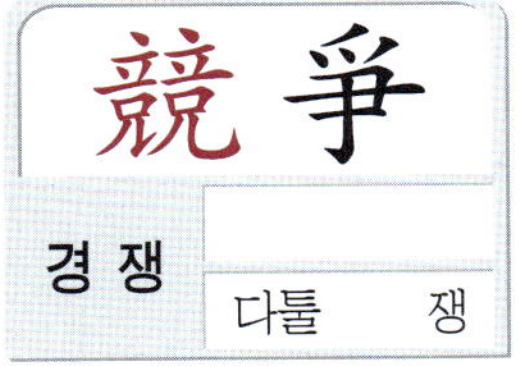
경 쟁 다툴 쟁

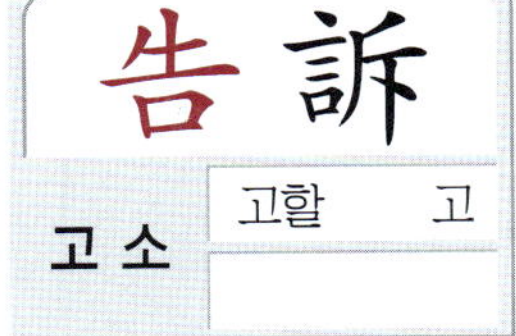
고 소 고할 고

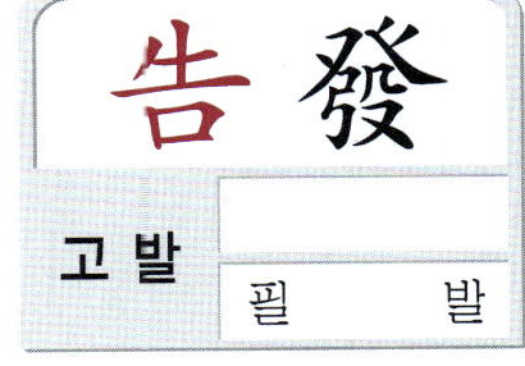
고 발 필 발

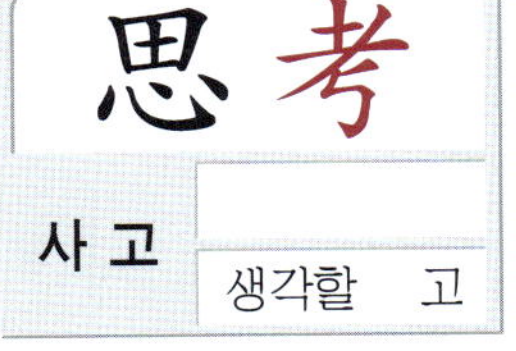
사 고 생각할 고

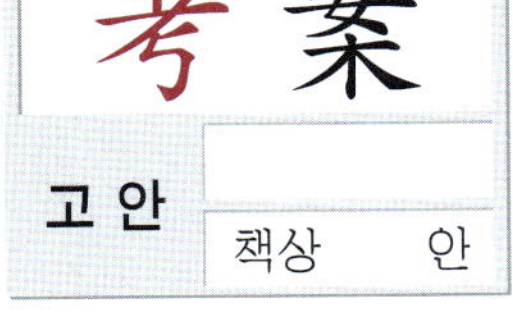
고 안 책상 안

경 치 이를 치

풍 경 볕 경

경 중 무거울 중

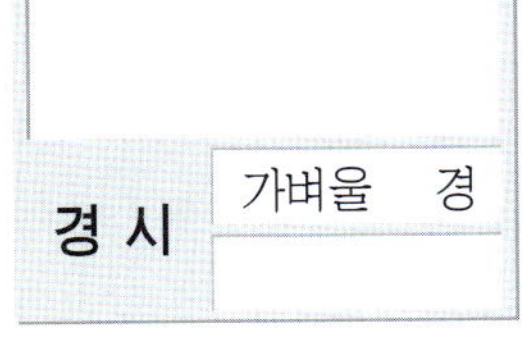
경 시 가벼울 경

경 주 달아날 주

경 쟁 다툴 경

고 소 호소할 소

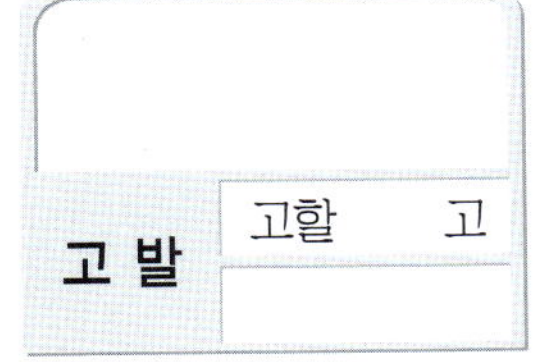
고 발 고할 고

사 고 생각 사

고 안 생각할 고

memo

3 ( ) 안에 훈음을 쓰시오.

보기

(값 가) (격식 격)
물건에 값을 매긴 것

| 價 | 格 |

| 定 | 價 |

(정할 정) (값 가)
일정한 금액으로 정한 가격

( )( )
자연의 풍경, 호숫가의
경치.

| 景 | 致 |

| 風 | 景 |

산수 좋은 볼거리.
가을의 풍경.
( )( )

( )( )
가볍고 무거움, 두 개의
물체의 경중.

| 輕 | 重 |

| 輕 | 視 |

가볍게 본다.
사람을 경시한다.
( )( )

( )( )
서로 다투어 달린다.
경마장에서 말이 경주.

| 競 | 走 |

| 競 | 爭 |

서로 다투어 이기려함.
생존 경쟁
( )( )

( )( )
소송을 청하여 고발.
법원에 고소장을 내다.

| 告 | 訴 |

| 告 | 發 |

신고하여 고소함.
고소, 고발
( )( )

( )( )
생각에 생각을 거듭,
창의적 사고

| 思 | 考 |

| 考 | 案 |

생각하여 착안함.
편리하게 고안하다.
( )( )

4 독음과 한자를 쓰시오.

景致	輕重	競走	告訴	思考
풍 경	경 시	경 쟁	고 발	고 안

5 한자를 쓰시오.

316 景 볕 경

317 輕 가벼울 경

318 競 다툴 경

319 告 고할 고

320 考 생각할 고

memo

5급 배정한자 321~325 자원 풀이

321 固 굳을 고 〔□8획〕
□ : 에울 위, 古 : 옛 고
오래된(古) 성벽은(□) 굳고 단단하다.
冂 冃 固 固 固
固體 - 고체 (몸 체)
堅固 - 견고 (굳을 견)

322 曲 굽을 곡 〔日6획〕
卄(대, 싸리), 凵 : 그릇
대나 싸리로(卄) 굽혀서 만든 광주리(凵)의 곡선.
冂 日 由 曲 曲
曲線 - 곡선 (줄 선)
作曲 - 작곡 (지을 작)

323 課 공부할 과 〔言15획〕
言 : 말씀 언, 果 : 결과 과
공부한 결과(果)를 물어(言) 과제를 과하다.
言 訂 評 課 課
課程 - 과정 (길 정)
課題 - 과제 (제목 제)

324 過 지날 과 〔辵13획〕
咼 : 입 삐뚤어질 과
입 삐뚤어진(咼) 사람의 말처럼 잘못 나갔다(辶).
冎 咼 咼 過 過
過速 - 과속 (빠를 속)
過密 - 과밀 (빽빽할 밀)

325 關 관계할 관 〔門19획〕
門 : 문 문, 鈝 : 실꿸 관
성문(門) 고리를 실꿰듯이(鈝) 사슬로 걸어 서로 관계짓다.
門 門 關 關 關
關門 - 관문 (문 문)
關稅 - 관세 (세금 세)

1 배정한자 321~325

固	曲	課	過	關
굳을 고	굽을 곡	공부할 과	지날 과	관계할 관

2 훈음과 한자를 쓰시오.

보기

價格 / 가격 / 격식 격 → 價格 / 가격 / 값 가 / 격식 격

정가 / 정할 정 → 定價 / 정가 / 정할 정 / 값 가

固體 / 고체 / 굳을 고

堅固 / 견고 / 굳을 견

曲線 / 곡선 / 굽을 곡

曲折 / 곡절 / 꺾을 절

課程 / 과정 / 공부할 과

課題 / 과제 / 제목 제

過速 / 과속 / 지날 과

過密 / 과밀 / 빽빽할 밀

關門 / 관문 / 관계할 관

關稅 / 관세 / 세금 세

고체 / 몸 체

견고 / 굳을 고

곡선 / 줄 선

곡절 / 굽을 곡

과정 / 길 정

과제 / 과할 과

과속 / 빠를 속

과밀 / 지날 과

관문 / 문 문

관세 / 관계할 관

3 (   ) 안에 훈음을 쓰시오.

보기

(값   가) (격식 격)
물건에 값을 매긴 것   價 格   定 價   (정할 정) (값   가)
일정한 금액으로 정한 가격

(   )(   )
딱딱하게 굳은 물체.
액체, 고체.   固 體   堅 固   단단하게 굳었음.
품질이 견고하다.
(   )(   )

(   )(   )
굽은 선, 곡선으로 굽어지다.   曲 線   曲 折   굽어 꺾이다.
엿가락이 곡절하다.
(   )(   )

(   )(   )
지나가는 일정.
재판의 과정.   課 程   課 題   숙제로 받은 일과
방학 과제물.
(   )(   )

(   )(   )
지나치게 빨리 달림.
과속 위반 차량   過 速   過 密   지나가기가 빽빽함.
인구과밀지역
(   )(   )

(   )(   )
통과하는 문.
서울의 관문은 남대문.   關 門   關 稅   입출입 통관 때 내는 세금
(   )(   )

4 독음과 한자를 쓰시오.

固 體	曲 線	課 程	過 速	關 門
견 고	곡 절	과 제	과 밀	관 세

5 한자를 쓰시오.

번호	한자	훈·음
321	固	굳을 고
322	曲	굽을 곡
323	課	공부할 과
324	過	지날 과
325	關	관계할 관

5급 배정한자 326 ~ 330 자원 풀이

326

觀

볼 관 〔見 25획〕

雚 : 황새 관, 見 : 볼 견

⺍	雚	雚	雚	觀

황새가(雚) 목이 길어서 멀리 보며(見) 관찰한다.

觀光 – 관광 (빛 광)
觀察 – 관찰 (살필 찰)

327

廣

넓을 광 〔广 15획〕

广 : 집 엄, 黃 : 누를 황

广	广	庐	席	廣

누른(黃) 들 같이 너른 집(广)이라 하여 넓다.

廣告 – 광고 (고할 고)
廣場 – 광장 (마당 장)

328

橋

다리 교 〔木 16획〕

木 : 나무 목, 喬 : 큰키나무 교

杆	杯	橋	橋	橋

큰 키 나무를(喬) 걸쳐 놓은 나무(木)다리.

橋脚 – 교각 (다리 각)
橋梁 – 교량 (들보 량)

329

舊

예 구 〔臼 18획〕

萑 : 부엉이 환, 臼 : 확 구

⺍	荏	萑	舊	舊

머리가 뿔같이 생긴 부엉이(萑)는 절구통(臼) 같아 옛 동산에 이따금 나타남.

舊習 – 구습 (익힐 습)
舊式 – 구식 (법 식)

330

具

갖출 구 〔八 8획〕

ハ : ㅐ, 貝 : 目 (돈)

冂	目	具	具	具

손에 든(ハ) 돈으로(貝) 물건을 사 갖추다.

具備 – 구비 (갖출 비)
道具 – 도구 (길 도)

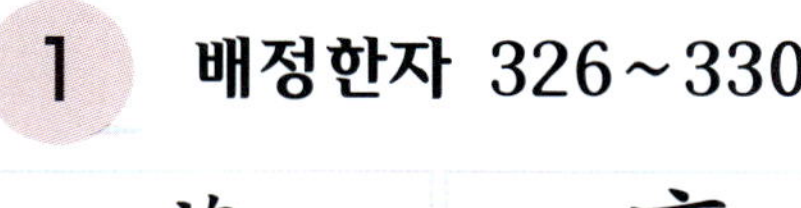

1 배정한자 326~330

觀	廣	橋	舊	具
볼 관	넓을 광	다리 교	예 구	갖출 구

2 훈음과 한자를 쓰시오.

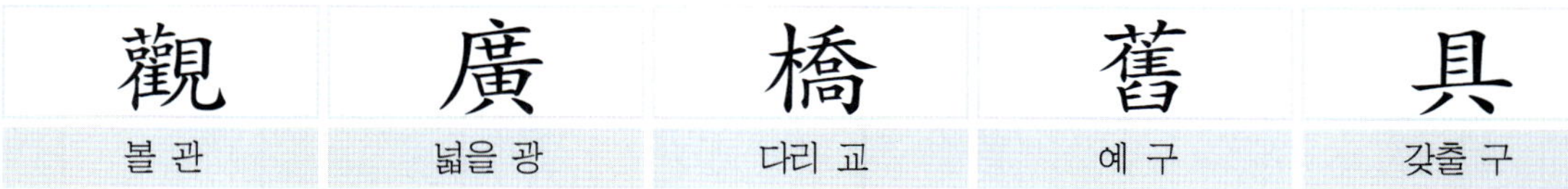

價格		→	價格				정할 정	→	定價	
가 격	격식 격		가 격	값 가 / 격식 격		정 가			정 가	정할 정 / 값 가

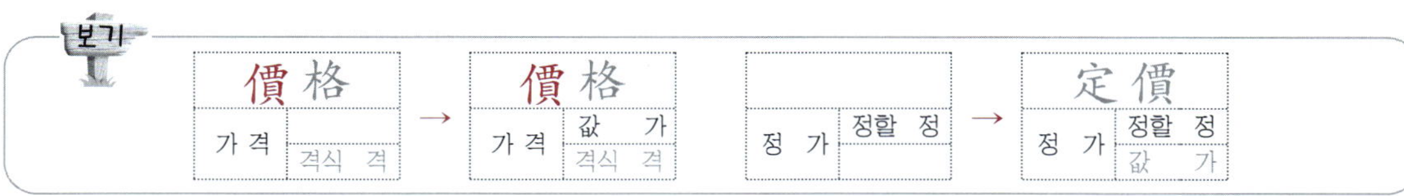

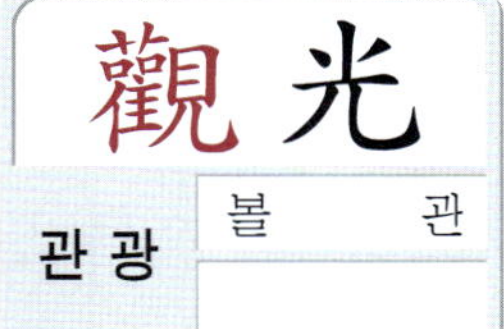

觀光 — 관 광 / 볼 관

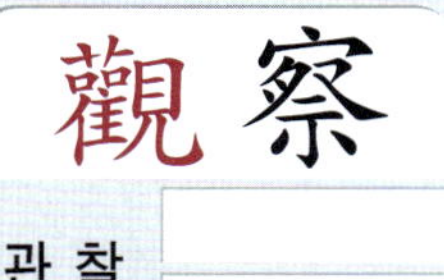

觀察 — 관 찰 / 살필 찰

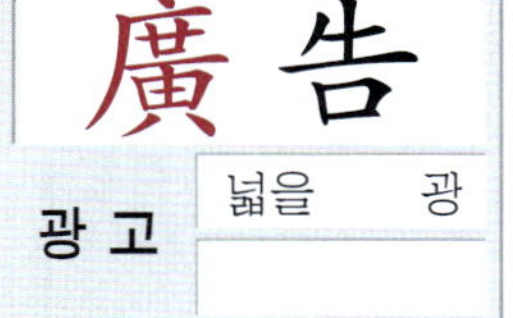

廣告 — 광 고 / 넓을 광

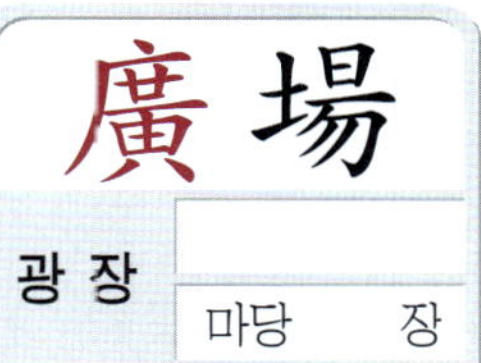

廣場 — 광 장 / 마당 장

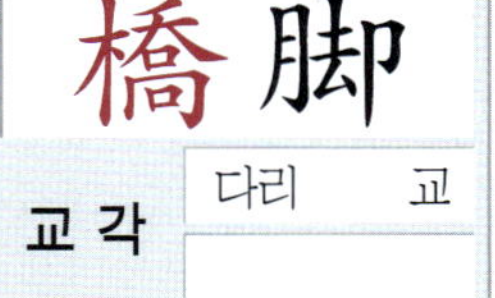

橋脚 — 교 각 / 다리 교

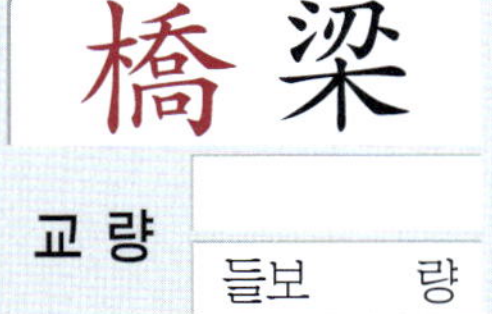

橋梁 — 교 량 / 들보 량

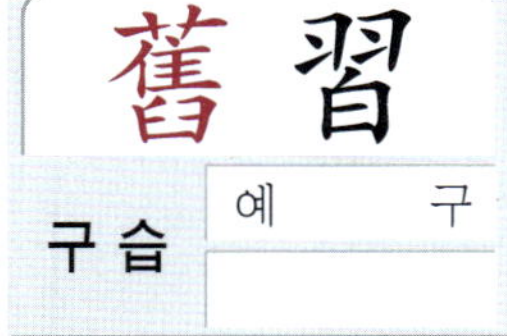

舊習 — 구 습 / 예 구

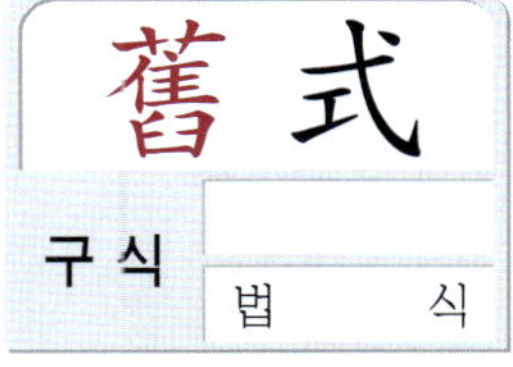

舊式 — 구 식 / 법 식

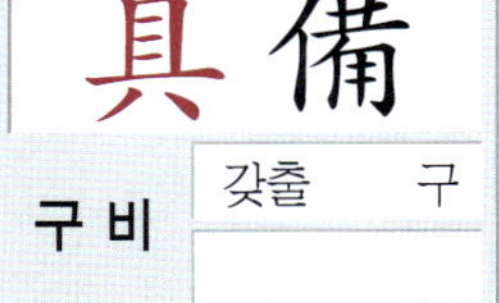

具備 — 구 비 / 갖출 구

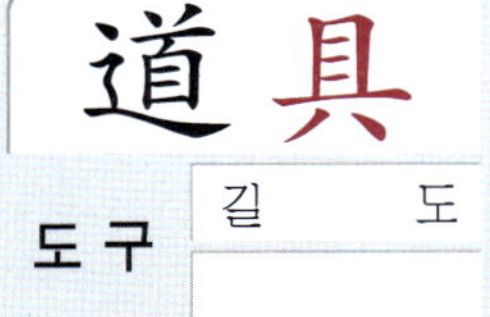

道具 — 도 구 / 길 도

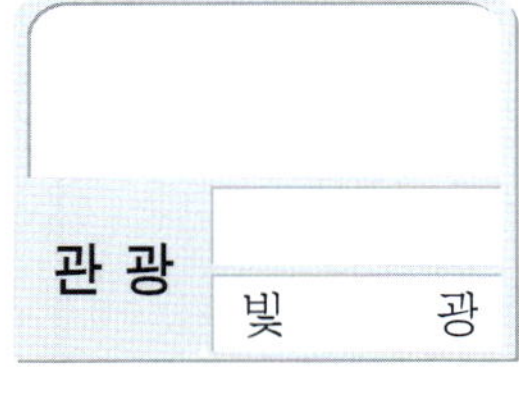

관 광 / 빛 광

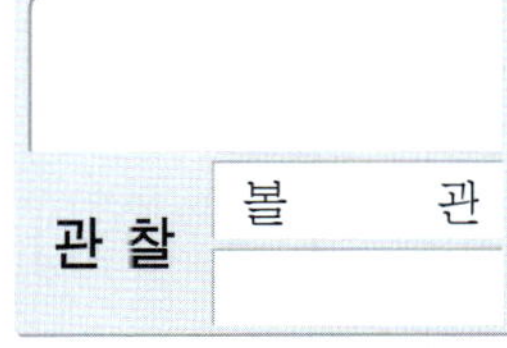

관 찰 / 볼 관

광 고 / 고할 고

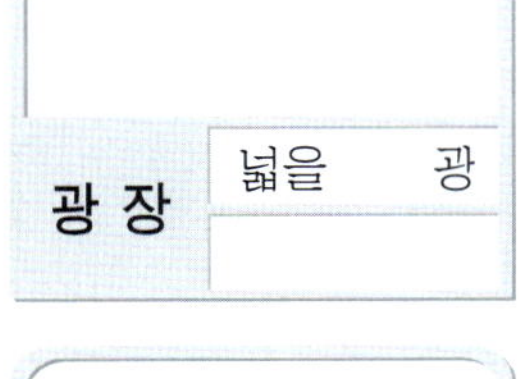

광 장 / 넓을 광

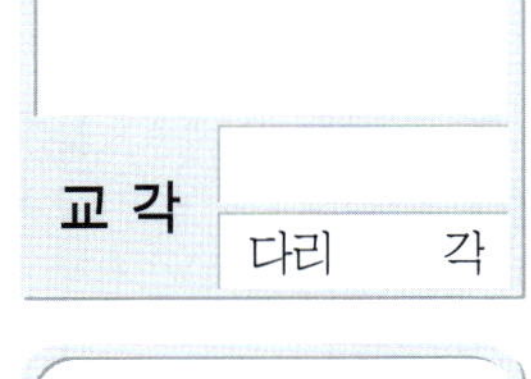

교 각 / 다리 각

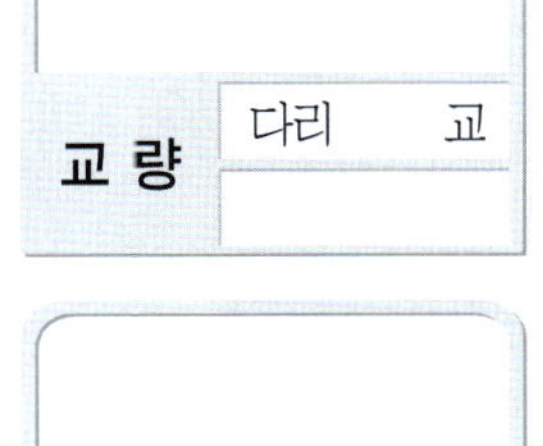

교 량 / 다리 교

구 습 / 익힐 습

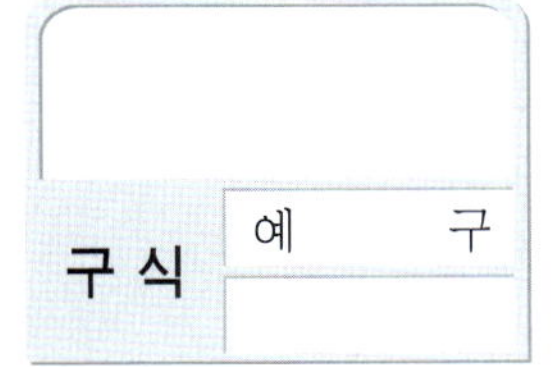

구 식 / 예 구

구 비 / 갖출 비

도 구 / 갖출 구

3 ( ) 안에 훈음을 쓰시오.

보기

(값 가) (격식 격)
물건에 값을 매긴 것   價 格   定 價   (정할 정) (값 가)
일정한 금액으로 정한 가격

( )( )
구경, 여행하며 보는 것.
관광여행.   觀 光   觀 察   자세히 보아 살피는 것.
자연관찰.
( )( )

( )( )
널리 알리는 것.
TV 광고.   廣 告   廣 場   넓은 마당 운동장.
서울역 광장.
( )( )

( )( )
교량을 받치는 기둥다리.
한강 철교 교각.   橋 脚   橋 梁   강을 건너지른 큰 다리.
한강교량.
( )( )

( )( )
옛날 풍습, 구습 타파.   舊 習   舊 式   옛날 방식, 구식 결혼.
( )( )

( )( )
장비를 갖추는 것.
산악장비를 구비하다.   具 備   道 具   필요한 연장 기구.
농사 도구.
( )( )

4 독음과 한자를 쓰시오.

觀光	廣告	橋脚	舊習	具備
관 찰	광 장	교 량	구 식	도 구

5 한자를 쓰시오.

326	觀	볼	관
327	廣	넓을	광
328	橋	다리	교
329	舊	예	구
330	具	갖출	구

배정한자 331 ~ 335 자원 풀이

---

331 救

구원할 **구**　　〔攴 11획〕

求 : 구할 구, 攴 - 攵

역경에서 도와 주기를 바라는(求) 사람을 이끌어(攴) 구원하다.

寸	求	求	求	救

救援 - 구원 (도울 원)
救濟 - 구제 (건널 제)

---

332 局

판 **국**　　〔尸 7획〕

月 - 尺, 口 : 입 구

자로(尺) 재 듯이 말로(口) 한계를 나눈 판국.

ㄱ	尸	尺	局	局

局外 - 국외 (바깥 외)
局長 - 국장 (긴 장)

---

333 貴

귀할 **귀**　　〔貝 12획〕

虫 : 삼태기 궤, 貝 : 조개 패

삼태기처럼 짠 궤(虫)에 돈(貝)을 귀하게 보관.

口	虫	串	貴	貴

貴族 - 귀족 (겨레 족)
貴賓 - 귀빈 (손 빈)

---

334 規

법 **규**　　〔見 11획〕

夫 : 아비 부, 見 : 볼 견

훌륭한 사람은(夫) 사물을 바르게 보아(見) 법을 지킨다.

二	夫	扣	担	規

規律 - 규율 (법칙 률)
規則 - 규칙 (법칙 칙)

---

335 給

줄 **급**　　〔糸 12획〕

糸 : 실 사, 合 : 합할 합

실을(糸) 합하여(合) 줄을 잇듯 물건을 줄달아 공급.

幺	糸	給	給	給

給水 - 급수 (물 수)
給食 - 급식 (밥 식)

1 배정한자 331~335

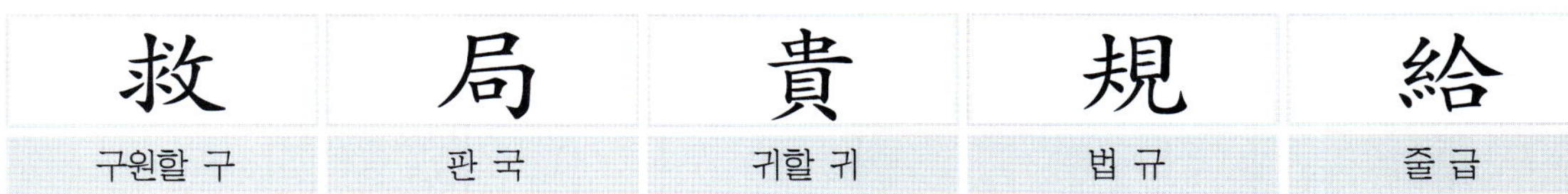

救	局	貴	規	給
구원할 구	판 국	귀할 귀	법 규	줄 급

2 훈음과 한자를 쓰시오.

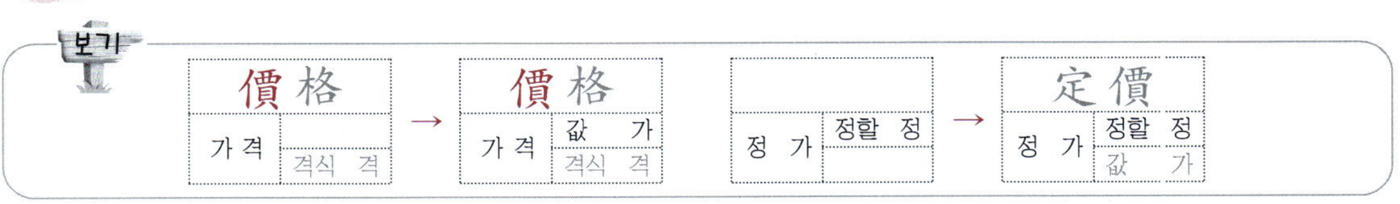

보기

價格	→	價格		定價
가 격 / 격식 격		가 격 / 값 가 / 격식 격	정 가 / 정할 정	정 가 / 정할 정 / 값 가

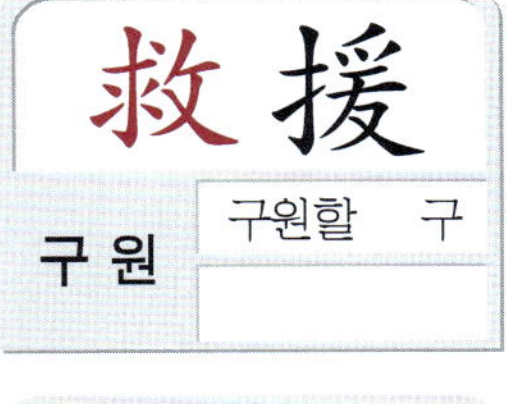
救援
구 원 / 구원할 구

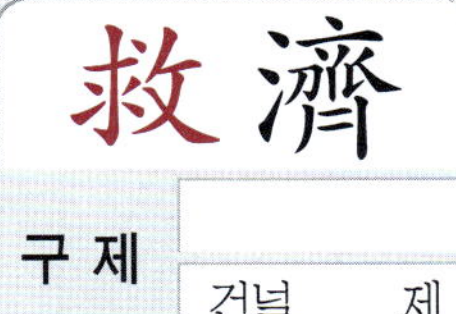
救濟
구 제 / 건널 제

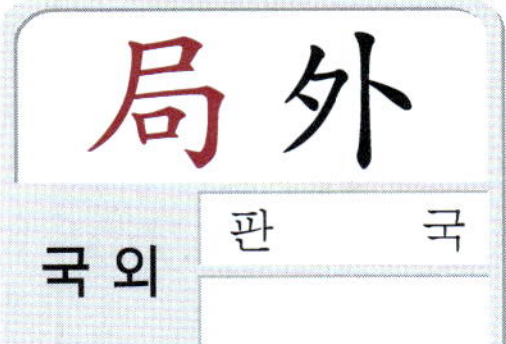
局外
국 외 / 판 국

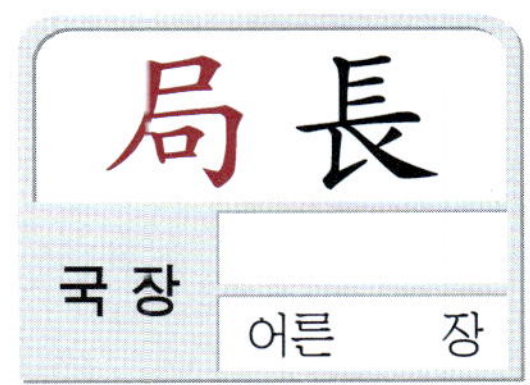
局長
국 장 / 어른 장

貴族
귀 족 / 귀할 귀

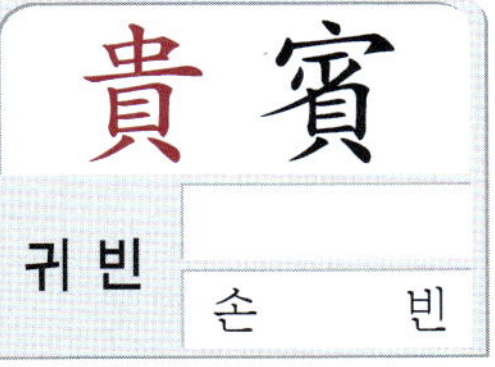
貴賓
귀 빈 / 손 빈

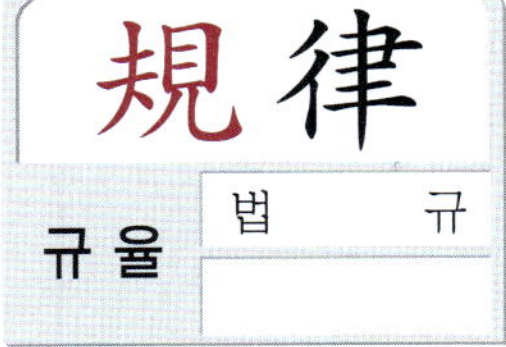
規律
규 율 / 법 규

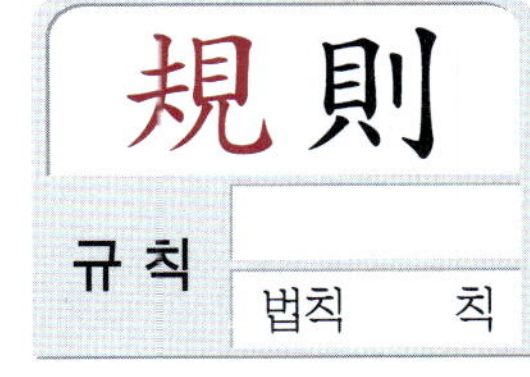
規則
규 칙 / 법칙 칙

給水
급 수 / 줄 급

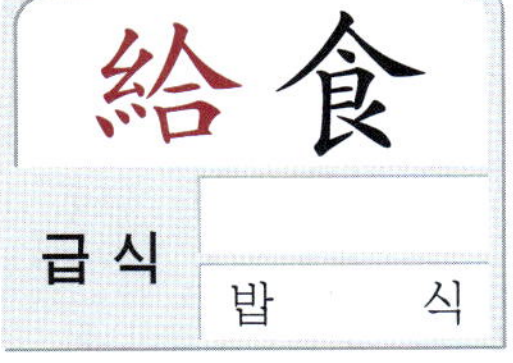
給食
급 식 / 밥 식

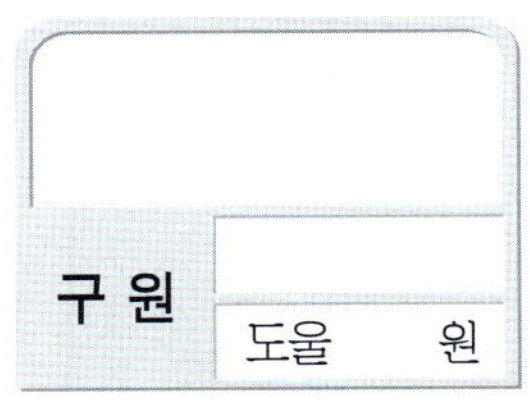
구 원 / 도울 원

구 제 / 구원할 구

국 외 / 바깥 외

국 장 / 판 국

귀 족 / 겨레 족

귀 빈 / 귀할 귀

규 율 / 법칙 률

규 칙 / 법 규

급 수 / 물 수

급 식 / 줄 급

memo

3 ( ) 안에 훈음을 쓰시오.

보기

(값 가) (격식 격)
물건에 값을 매긴 것 　價格　定價　(정할 정) (값 가)
일정한 금액으로 정한 가격

( ) ( )
도와서 구원하다.
구원의 손길.　救援　救濟　위기에서 구해내다.
해충구제.
( ) ( )

( ) ( )
부서 바깥일.
내부 일보다 국외 일을 중시　局外　局長　정해진 부서의 장.
우체국장.
( ) ( )

( ) ( )
귀한 벼슬의 고관.
귀족출신.　貴族　貴賓　귀한 손님.
귀빈이 내한하다.
( ) ( )

( ) ( )
질서 유지를 위한 법규.
학교규율.　規律　規則　일정한 법규의 원칙.
규칙제정.
( ) ( )

( ) ( )
물을 날라 대어 주다.
급수시설.　給水　給食　학교에서 공급되는 음식.
급식 사정.
( ) ( )

4 독음과 한자를 쓰시오.

救援	局外	貴族	規律	給水
구 제	국 장	귀 빈	규 칙	급 식

5 한자를 쓰시오.

memo

331 救 구원할 구

332 局 판 국

333 貴 귀할 귀

334 規 법 규

335 給 줄 급

5급 배정한자 336 ~ 340 자원 풀이

336

己

몸 기 　　[己3획]

弓 (사람의 등뼈 마디)

｜ ㄱ ㄱ 己 己 己

사람의 척추뼈(己) 모양을 본따 "몸기"로 표현.

自己 - 자기 (스스로 자)
克己 - 극기 (이길 극)

337

基

터 기 　　[土8획]

其：그 기, 土：흙 토

一 卄 甘 其 基

삼태기(其)로 흙을(土) 날라 돋운 집터.

基礎 - 기초 (주춧돌 초)
基本 - 기본 (근본 본)

338

技

재주 기 　　[手7획]

扌-手, 支：가를 지

一 寸 才 扩 技

갈라진(扌) 여러 손가락(支)으로 말미암아 재주가 생기다.

技巧 - 기교 (공교할 교)
技術 - 기술 (재주 술)

339

汽

물끓는김 기 　　[水7획]

氵-水, 气：구름기운 기

丶 冫 氿 汽 汽

물이(氵) 끓어 피어오르는 수증기의 김(气).

汽船 - 기선 (배 선)
汽車 - 기차 (수레 차)

340

期

기약할 기 　　[月12획]

其：그 기, 月：달 월

一 卄 甘 期 期

달이(月) 해와 정면으로 만나 보름달이 되는 듯.

期約 - 기약 (맺을 약)
期間 - 기간 (사이 간)

1 배정한자 336~340

己	基	技	汽	期
몸 기	터 기	재주 기	물끓는김 기	기약할 기

2 훈음과 한자를 쓰시오.

보기

價 格	→	價 格		定 價	→	定 價
가격 / 격식 격		가격 / 값 가 격식 격	정가 / 정할 정		정가 / 정할 정 값 가

自 己 — 자 기 / 몸 기

克 己 — 극 기 / 이길 극

基 礎 — 기 초 / 터 기

基 本 — 기 본 / 근본 본

技 巧 — 기 교 / 재주 기

技 術 — 기 술 / 재주 술

汽 船 — 기 선 / 물끓는김 기

汽 車 — 기 차 / 수레 차

期 約 — 기 약 / 기약할 기

期 間 — 기 간 / 사이 간

자 기 / 스스로 자

극 기 / 몸 기

기 초 / 주춧돌 초

기 본 / 터 기

기 교 / 교묘할 교

기 술 / 재주 기

기 선 / 배 선

기 차 / 물끓는김 기

기 약 / 맺을 약

기 간 / 기약할 기

memo

3 (   ) 안에 훈음을 쓰시오.

보기

(값 가) (격식 격)
물건에 값을 매긴 것 價 格   定 價 (정할 정) (값   가)
일정한 금액으로 정한 가격

(   ) (   )
스스로의 본인을 뜻함.
자기 자본. 自 己   克 己 자신을 참아 이김.
극기훈련.
(   ) (   )

(   ) (   )
토대가 되는 밑바탕.
영어 기초. 基 礎   基 本 바탕이 되는 근본.
기본교육.
(   ) (   )

(   ) (   )
재치 있게 기술을 보임.
조각자의 기교. 技 巧   技 術 뛰어난 재주와 기법.
기술교육.
(   ) (   )

(   ) (   )
증기로 가는 기선. 汽 船   汽 車 증기로 가는 열차.
기차표.
(   ) (   )

(   ) (   )
서로 기간을 약속함.
빚 갚을 날짜를 기약하다. 期 約   期 間 일정한 시간의 간격.
계약기간.
(   ) (   )

4 독음과 한자를 쓰시오.

自 己	基 礎	技 巧	汽 船	期 約
극 기	기 본	기 술	기 차	기 간

5 한자를 쓰시오.

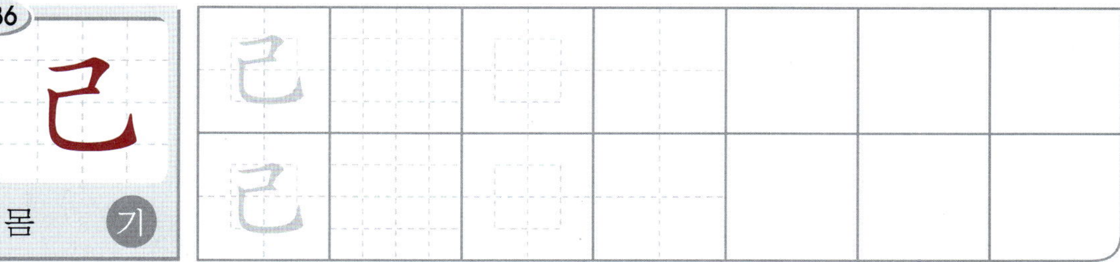

336 己 몸 기

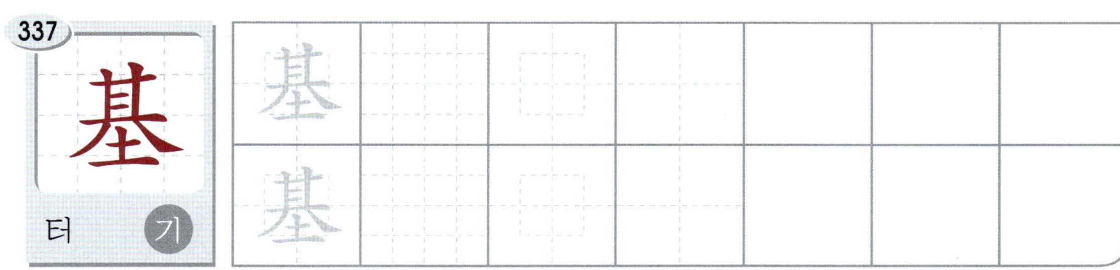

337 基 터 기

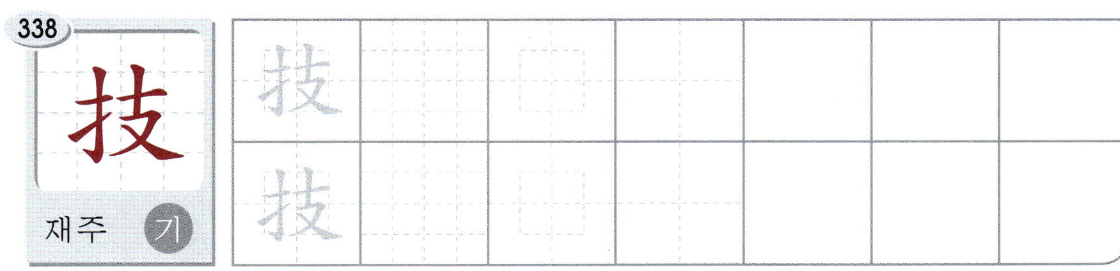

338 技 재주 기

339 汽 물끓는김 기

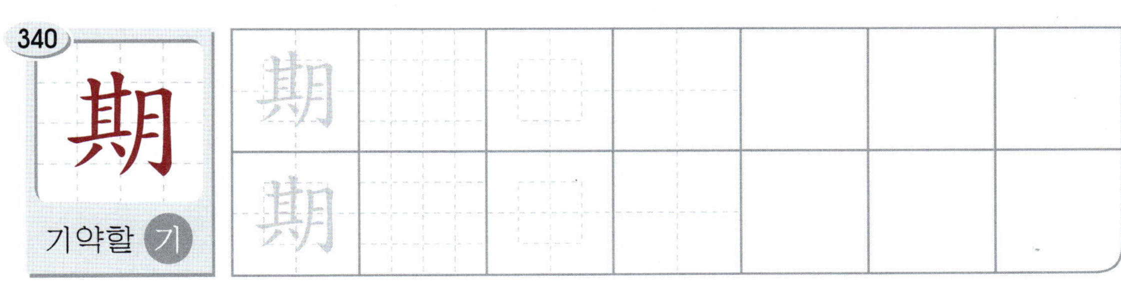

340 期 기약할 기

5급 배정한자 341~345 자원 풀이

---

341 吉

길할 **길** 　　[口 6획]

口 : 입 구, 士 : 선비 사

一 十 士 吉 吉

선비의(士) 말은(口) 참되고 좋다는 뜻으로 길하다.

吉日 - 길일 (날 일)
吉兆 - 길조 (억조 조)

---

342 念

생각 **념** 　　[心 8획]

今 : 이제 금, 心 : 마음 심

人 仒 今 念 念

오늘에(今) 이르기까지 잊지 않고 마음에(心) 생각한다.

念頭 - 염두 (머리 두)
念慮 - 염려 (생각 려)

---

343 能

능할 **능** 　　[肉 10획]

厶 (주둥이), 月 (몸), 匕 (발)

厶 宀 育 能 能

곰은 주둥이(厶)와 몸(肉)과 발(匕)을 재주 있게 능하게 잘 움직인다.

能力 - 능력 (힘 력)
能熟 - 능숙 (익을 숙)

---

344 團

둥글 **단** 　　[囗 14획]

專 : 오로지 전, 囗 : 에워싸다

冂 同 圓 團 團

오로지(專) 한 이념으로 뭉치니(囗) 덩어리져 둥글다.

團結 - 단결 (맺을 결)
團體 - 단체 (몸 체)

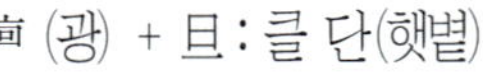

---

345 壇

단 **단** 　　[土 16획]

亶 (광) + 旦 : 클 단(햇볕)

土 坾 埬 壇 壇

흙을(土 : 흙 토) 크게 돋우어(亶) 제단을 만들다.

壇上 - 단상 (윗 상)
教壇 - 교단 (가르칠 교)

1 배정한자 341~345

吉	念	能	團	壇
길할 길	생각 념	능할 능	둥글 단	단 단

2 훈음과 한자를 쓰시오.

보기

價格	→	價格			定價	→	定價
가격 / 격식 격		가격 / 값 가 / 격식 격		정가 / 정할 정		정가 / 정할 정	정가 / 정할 정 / 값 가

吉日 — 길 일 / 길할 길

吉兆 — 길 조 / 억조 조

念頭 — 염 두 / 생각 념

念慮 — 염 려 / 생각 려

能力 — 능 력 / 능할 능

能熟 — 능 숙 / 익을 숙

團結 — 단 결 / 둥글 단

團體 — 단 체 / 몸 체

壇上 — 단 상 / 단 단

教壇 — 교 단 / 가르칠 교

길 일 / 날 일

길 조 / 길할 길

염 두 / 머리 두

염 려 / 생각 념

능 력 / 힘 력

능 숙 / 능할 능

단 결 / 맺을 결

단 체 / 둥글 단

단 상 / 위 상

교 단 / 단 단

3 ( ) 안에 훈음을 쓰시오.

보기

(값 가) (격식 격)
물건에 값을 매긴 것

價 格   定 價

(정할 정) (값 가)
일정한 금액으로 정한 가격

( ) ( )
길조가 든 좋은 날.
길일을 택해 이사가다.

吉 日

吉 兆

길일의 징조가 보이는 날.
복권에 당선될 길조다.
( ) ( )

( ) ( )
생각을 머리에 두다.
기억을 염두에 새기다.

念 頭

念 慮

우려하는 생각.
어머니 건강이 염려되다.
( ) ( )

( ) ( )
할 수 있는 잠재력.
경제력 능력.

能 力

能 熟

기술이 숙련되다.
운전을 능숙하게 한다.
( ) ( )

( ) ( )
집단으로 뭉침.
선수들의 단결력.

團 結

團 體

뭉친 집단, 체육단체
( ) ( )

( ) ( )
무대 위. 단상에서 연설.

壇 上

教 壇

가르치는 단상.
30년 교단 생활.
( ) ( )

4 독음과 한자를 쓰시오.

吉 日	念 頭	能 力	團 結	壇 上
길 조	염 려	능 숙	단 체	교 단

5 한자를 쓰시오.

5급 배정한자 346 ~ 350 자원 풀이

346 談

말씀 담　〔言 15획〕

炎：불꽃 염, 言：말씀 언

불가에(炎) 모여 앉아 말씀을(言) 나누다.

言　言　談　談　談

談笑 - 담소 (웃을 소)
談判 - 담판 (판단할 판)

347 當

마땅 당　〔田 13획〕

尙：짝지을 상, 田：밭 전

밭이(田) 서로 비슷하여(尙) 맞바꾸기 적당하다.

丨　⺌　⺜　峃　當

當然 - 당연 (그럴 연)
該當 - 해당 (마땅 해)

348 德

큰 덕　〔彳 15획〕

彳 - 行, 悳：큰 덕

행동이(行) 올바르며 인격과 뜻이 드높아 큼을 뜻하여 덕이 되다.

彳　彳　德　德　德

道德 - 도덕 (길 도)
德望 - 덕망 (바랄 망)

349 到

이를 도　〔刀 8획〕

至：이를 지, 刂：칼 도

칼(刂)을 들고 위험한 곳을 지나 이르렀다(至).

一　云　至　到　到

到着 - 도착 (붙을 착)
到達 - 도달 (통달할 달)

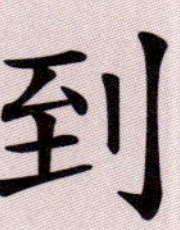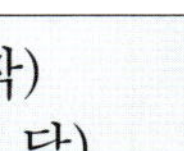

350 島

섬 도　〔山 10획〕

鳥：새 조, 山：메 산

새들이(鳥) 쉬어가는 바다 가운데 산(山)으로 된 섬.

⺁　白　鳥　島　島

獨島 - 독도 (홀로 독)
島嶼 - 도서 (작은섬 서)

1 배정한자 346~350

談	當	德	到	島
말씀 담	마땅할 당	큰 덕	이를 도	섬 도

2 훈음과 한자를 쓰시오.

보기

價格 / 가격 / 격식 격 → 價格 / 가격 / 값 가, 격식 격 정가 / 정할 정 → 定價 / 정가 / 정할 정, 값 가

談笑 — 담 소 — 말씀 담

談判 — 담 판 — 판단할 판

當然 — 당 연 — 마땅할 당

該當 — 해 당 — 마땅 해

道德 — 도 덕 — 큰 덕

德望 — 덕 망 — 바랄 망

到着 — 도 착 — 이를 도

到達 — 도 달 — 통달할 달

獨島 — 독 도 — 섬 도

島嶼 — 도 서 — 작은 섬 서

담 소 — 웃을 소

담 판 — 말씀 담

당 연 — 그럴 연

해 당 — 마땅할 당

도 덕 — 길 도

덕 망 — 큰 덕

도 착 — 붙을 착

도 달 — 이를 도

독 도 — 홀로 독

도 서 — 섬 도

memo

3 ( ) 안에 훈음을 쓰시오.

보기

(값 가) (격식 격)
물건에 값을 매긴 것
價 格   定 價
(정할 정) (값 가)
일정한 금액으로 정한 가격

( ) ( )
웃으며 말하는 것.
친절하게 담소하다.
談 笑

談 判
말로 판가름 내다.
휴전을 담판 짓다.
( ) ( )

( ) ( )
으레이 그러하다.
당연지사.
當 然

該 當
마땅히 그에 속한다.
의료 혜택에 해당된다.
( ) ( )

( ) ( )
사람이 지킬 예의.
도덕교육.
道 德

德 望
목표가 있고 덕이 있어 보임.
덕망이 있는 정치인.
( ) ( )

( ) ( )
목적지에 이르렀음.
도착성명.
到 着

到 達
목표점에 달하다.
위험수위에 도달.
( ) ( )

( ) ( )
동해의 우리 땅.
독도 해양 경비대.
獨 島

島 嶼
여러 작은 섬들.
도서지방
( ) ( )

4 독음과 한자를 쓰시오.

談笑	當然	道德	到着	獨島
담 판	해 당	덕 망	도 달	도 서

5 한자를 쓰시오.

346 談 말씀 담

347 當 마땅 당

348 德 큰 덕

349 到 이를 도

350 島 섬 도

5급 배정한자 351 ~ 355 자원 풀이

351 都

도읍 **도**　　〔邑 12획〕

者 : 놈 자, 阝 - 邑

土　夫　者　者阝　都

도심지(阝 - 邑) 많은 사람(者) 살아서 도읍이 되다.

都邑 - 도읍 (고을 읍)
都心 - 도심 (마음 심)

352 獨

홀로 **독**　　〔犬 16획〕

犭 : 해태 치, 蜀 : 큰 닭 촉

犭　犭　犭　獨　獨

닭(蜀) 좇던 개가(犭) 홀로 되다.

獨裁 - 독재 (마를 재)
獨身 - 독신 (몸 신)

353 落

떨어질 **락**　　〔艹 13획〕

艹 : 풀 초. 洛 : 떨어질 락

艹　艹　莎　茨　落

초목의 잎이(艹) 물방울 떨어지듯 (洛) 나무에서 떨어진다.

落榜 - 낙방 (방 붙일 방)
落水 - 낙수 (물 수)

354 朗

밝을 **랑**　　〔月 11획〕

良 : 어질 량, 月 : 달 월

亅　良　良　朗　朗

착한 사람의(良) 마음은 달과 같이(月) 밝다.

明朗 - 명랑 (밝을 명)
朗讀 - 낭독 (읽을 독)

355 冷

찰 **랭**　　〔冫 7획〕

冫 : 얼음 빙, 令 : 명령 령

冫　冫　冫　冷　冷

명령은(令) 차고(冫) 쌀쌀하다.

冷藏 - 냉장 (감출 장)
冷凍 - 냉동 (얼 동)

1 배정한자 351~355

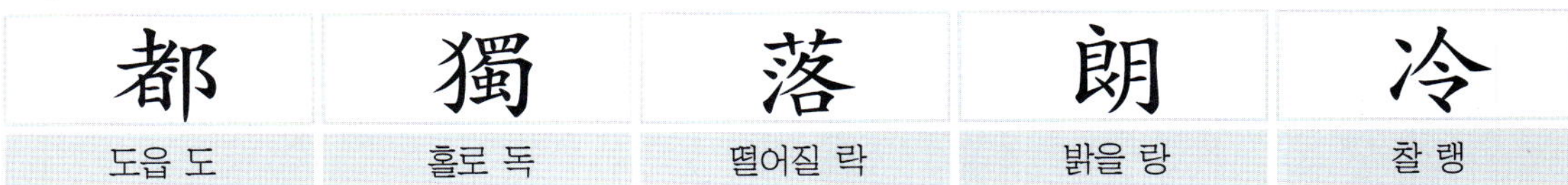

2 훈음과 한자를 쓰시오.

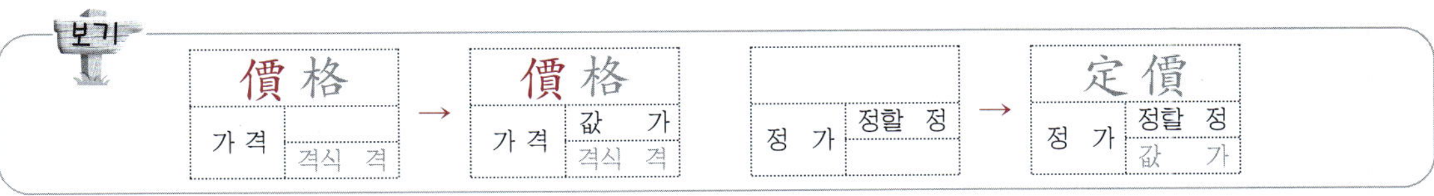

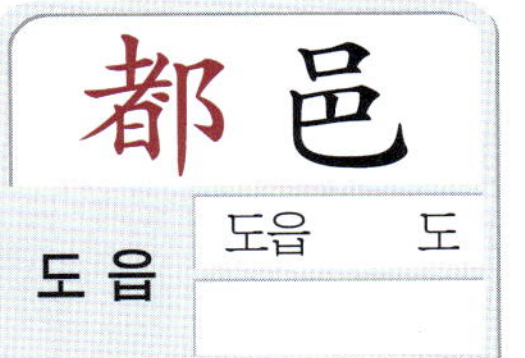

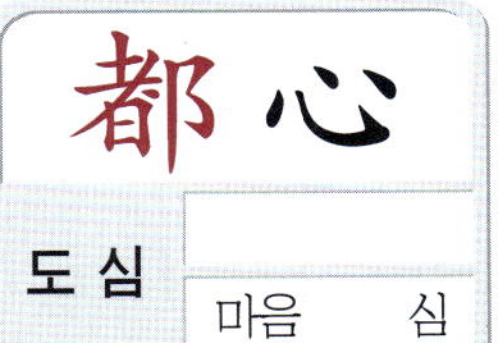

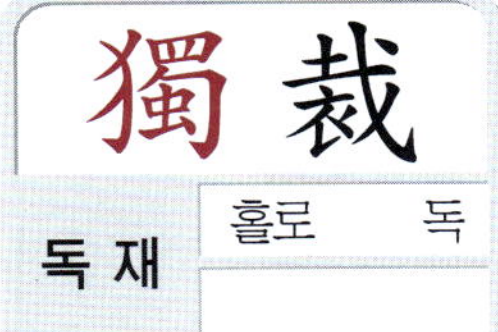

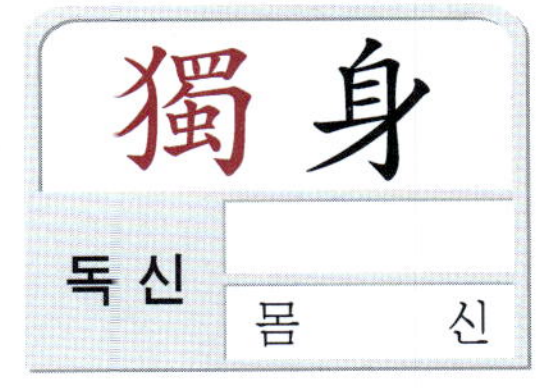

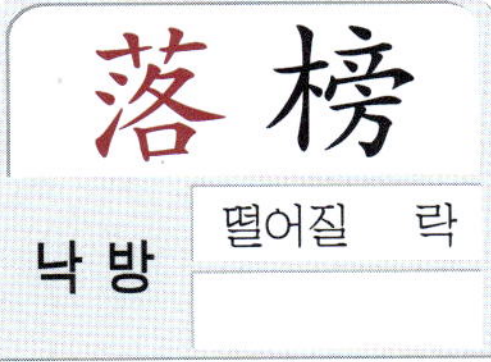

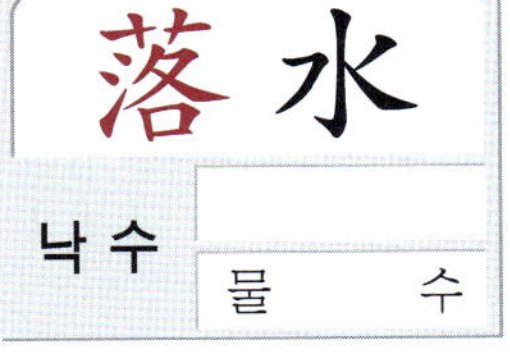

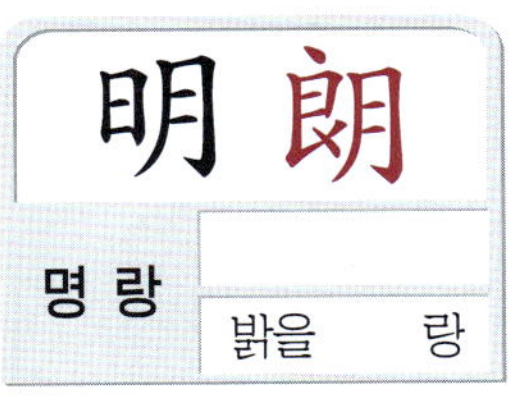

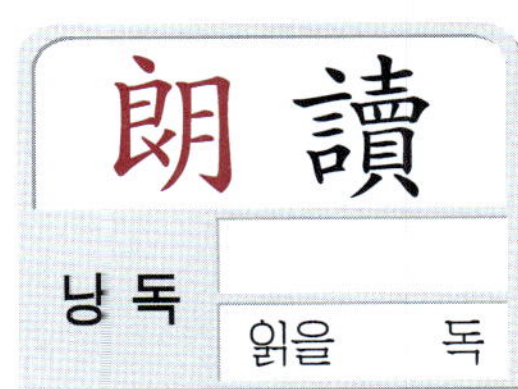

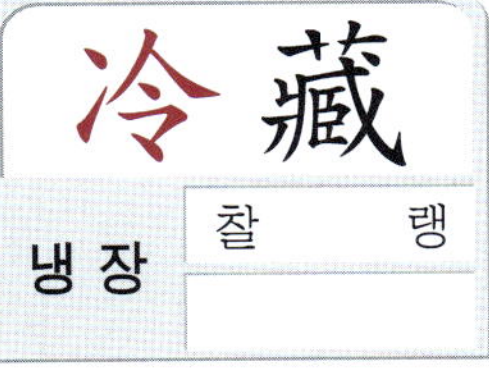

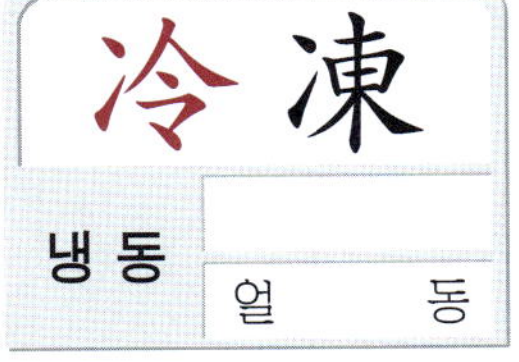

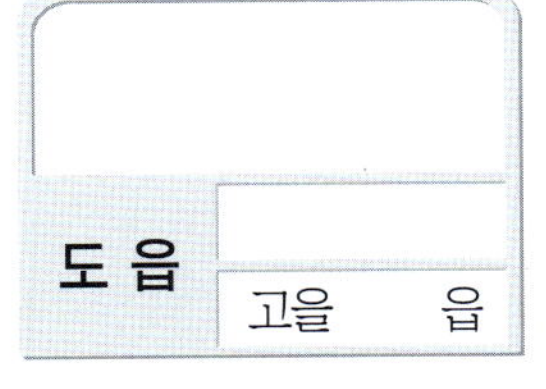

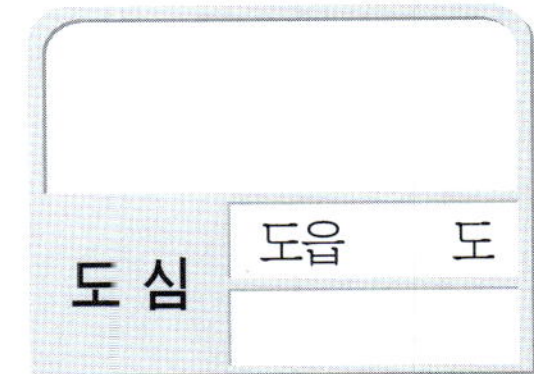

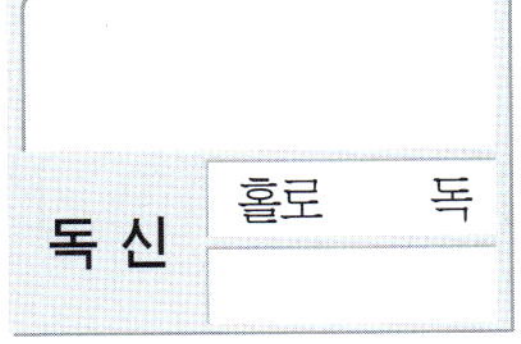

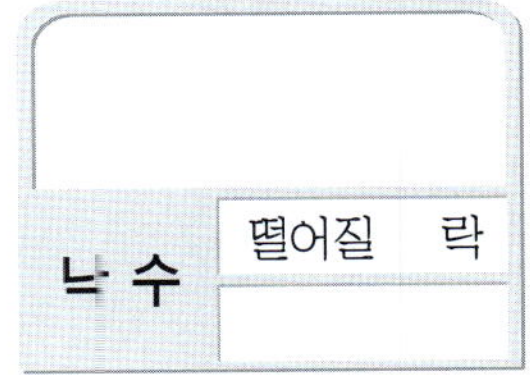

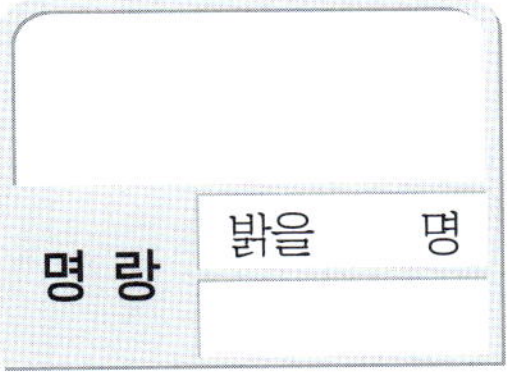

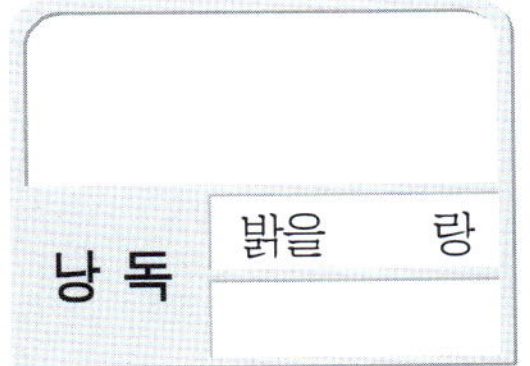

memo

3 ( ) 안에 훈음을 쓰시오.

보기

(값   가) (격식 격) 價 格   定 價 (정할 정) (값   가)
물건에 값을 매긴 것   일정한 금액으로 정한 가격

(   )(   ) | 都 邑 | | 都 心 | 도시의 중심부
도시 읍내 도읍지   도심의 가로수
                                           (   )(   )

(   )(   ) | 獨 裁 | | 獨 身 | 홀로 사는 몸
홀로 재량권 처리   독신주의
독재자   (   )(   )

(   )(   ) | 落 榜 | | 落 水 | 떨어지는 물
방붙인 곳에 떨어져 빠짐.   처마에 떨어지는 낙수
고시에 낙방   (   )(   )

(   )(   ) | 明 朗 | | 朗 讀 | 맑은 소리로 책을 읽음.
밝고 맑은 표정   낭독 대회
명랑한 표정   (   )(   )

(   )(   ) | 冷 藏 | | 冷 凍 | 차게 얼리는 것.
찬 곳에 보관하여 간수   냉동실
냉장실   (   )(   )

4 독음과 한자를 쓰시오.

都邑	獨裁	落榜	明朗	冷藏
도 심	독 신	낙 수	낭 독	냉 동

5 한자를 쓰시오.

351 
都 도읍 도

352 
獨 홀로 독

353 
落 떨어질 락

354 
朗 밝을 랑

355
冷 찰 랭

memo

5급 배정한자 356 ~ 360 자원 풀이

356 **良**

어질 **량** 〔艮 7획〕

白 : 흰 백, 𧘇 - 衣

흰(白) 옷(衣)을 입는 우리 민족은 어질다.

丶 ㅋ ㅋ 艮 良

良質 - 양질 (바탕 질)
良好 - 양호 (좋을 호)

357 **量**

헤아릴 **량** 〔里 12획〕

日(되), 重 - 重

되에(日) 담은 물건의 무게(重)를 헤아려 센다.

冂 旦 昌 昌 量

量的 - 양적 (과녁 적)
減量 - 감량 (덜 감)

358 **旅**

나그네 **려** 〔方 10획〕

㫃 : 깃발 언, 氏 : 从

군기를(㫃) 따르는 많은 사람(氏)을 나그네, 무리로 칭하다.

亠 方 㫃 旂 旅

旅券 - 여권 (문서 권)
旅行 - 여행 (다닐 행)

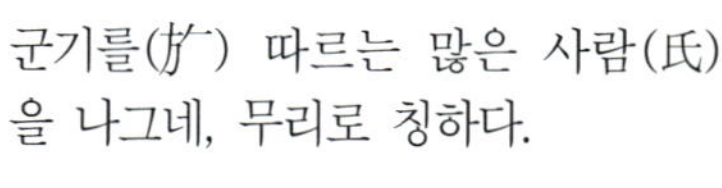

359 **歷**

지날 **력** 〔止 16획〕

厤 : 세월 력, 止 : 그칠 지

긴세월(厤) 걸쳐 발자취(止)를 남긴다는 뜻에서 지나간 세월.

厂 厈 厤 厤 歷

歷史 - 역사 (사기 사)
歷代 - 역대 (대신 대)

360 **練**

익힐 **련** 〔糸 15획〕

糸 : 실 사, 柬 : 분별할 간

실을(糸) 삶아 이겨서 불순물을 가려(柬)내는 일을 익힌다.

糸 絅 絅 紳 練

訓練 - 훈련 (가르칠 훈)
修練 - 수련 (닦을 수)

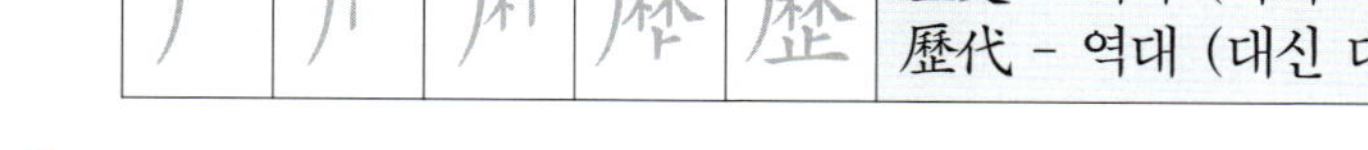

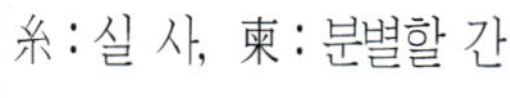

1 배정한자 356~360

良 어질 량
量 헤아릴 량
旅 나그네 려
歷 지날 력
練 익힐 련

2 훈음과 한자를 쓰시오.

보기

| 價格 | → | 價格 | | 정할 정 | → | 定價 |
| 가 격 격식 격 | | 가 격 값 가 / 격식 격 | | 정 가 | | 정 가 정할 정 / 값 가 |

良質 양 질 어질 량
良好 양 호 좋을 호
量的 양 적 헤아릴 량
減量 감 량 덜 감

旅券 여 권 나그네 려
旅行 여 행 다닐 행
歷史 역 사 지날 력
歷代 역 대 대신 대

訓練 훈 련 익힐 련
修練 수 련 닦을 수
양 질 바탕 질
양 호 어질 량

양 적 과녁 적
감 량 헤아릴 량
여 권 문서 권
여 행 나그네 려

역 사 사기 사
역 대 지날 력
훈 련 가르칠 훈
수 련 익힐 련

3 ( ) 안에 훈음을 쓰시오.

보기

(값 가) (격식 격) 價 格   定 價 (정할 정) (값 가)
물건에 값을 매긴 것   일정한 금액으로 정한 가격

(   )(   )
바탕이 좋은 물질 良 質   良 好 품질이 좋은 편임.
양질의 음식   영양가가 양호하다.
                                               (   )(   )

(   )(   )
수량적 수치 양적 부피 量 的   減 量 양이 줄어들다.
             체중감량
                                               (   )(   )

(   )(   )
외국 여행 문서 수첩 旅 券   旅 行 국내외에 나다님.
여권을 가지고 비자 신청   여행비용
                                               (   )(   )

(   )(   )
지난날의 나라 사건들 歷 史   歷 代 역사 속의 한 세대
유구한 역사   역대 왕대
                                               (   )(   )

(   )(   )
가르치고 연습 수련시킴. 訓 練   修 練 갈고 닦으며 훈련
소방훈련   청소년 수련관
                                               (   )(   )

4 독음과 한자를 쓰시오.

良 質	量 的	旅 券	歷 史	訓 練
양 호	감 량	여 행	역 대	수 련

5 한자를 쓰시오.

memo

356
良
어질 량
良
良

357
量
헤아릴 량
量
量

358
旅
나그네 려
旅
旅

359
歷
지날 력
歷
歷

360
練
익힐 련
練
練

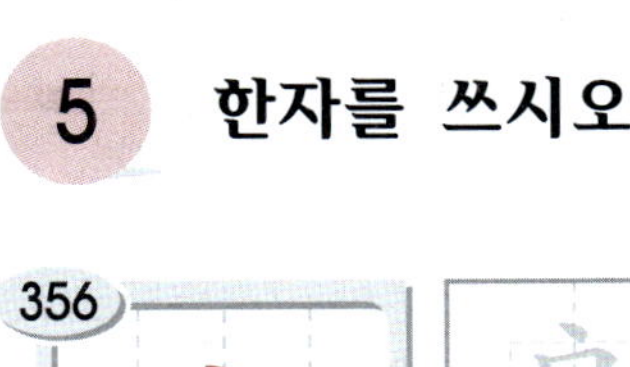

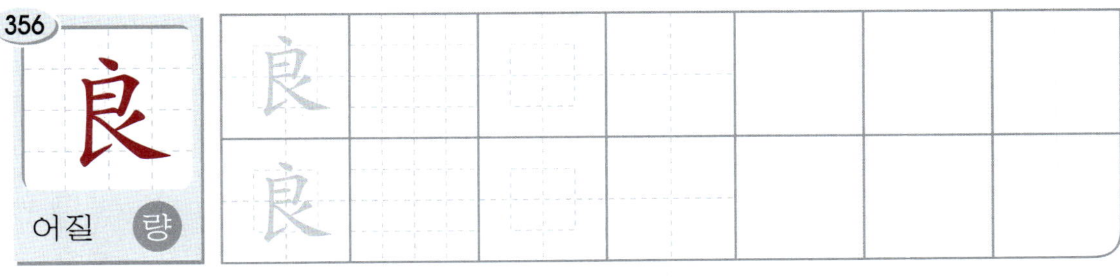

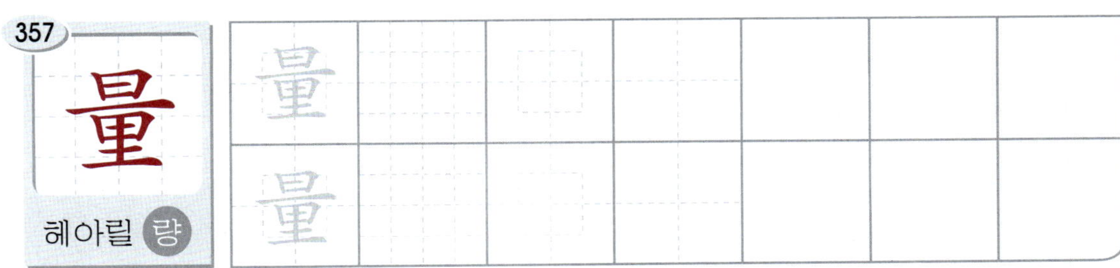

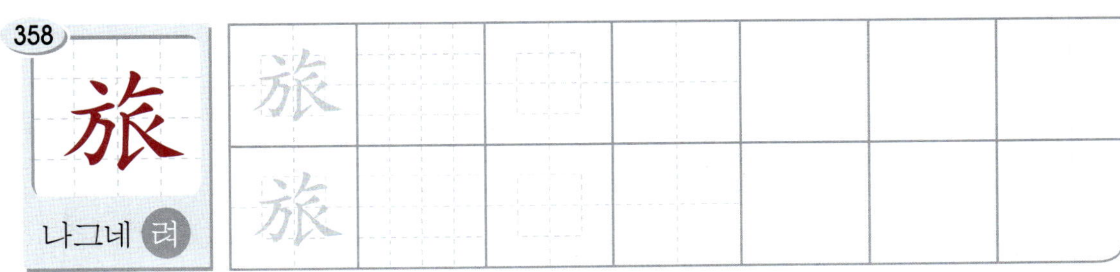

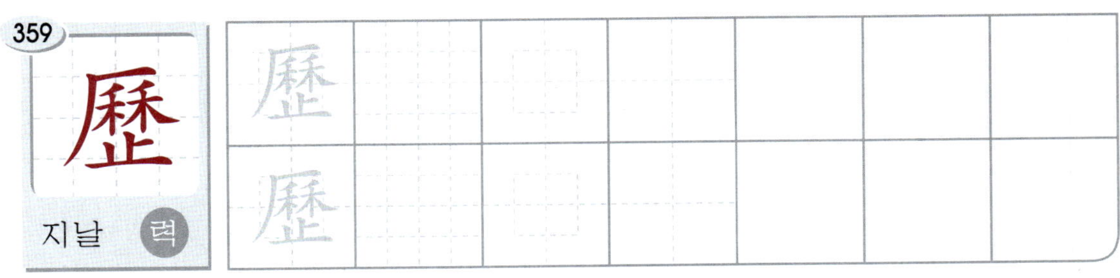

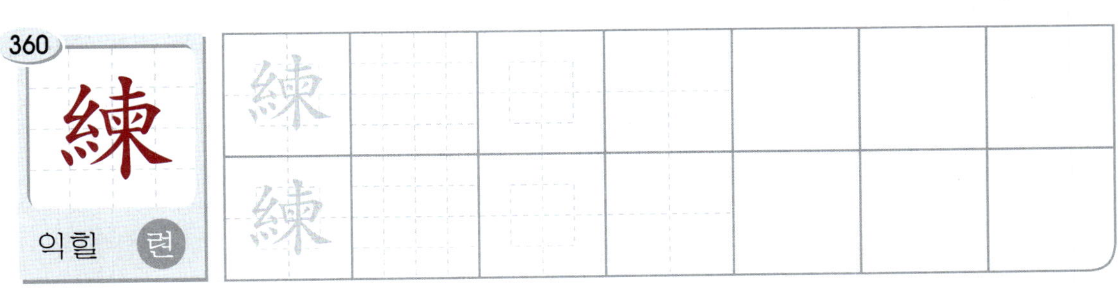

5급 배정한자 361~365 자원 풀이

361 領

거느릴 **령** 〔頁 14획〕

令 : 명령 령, 頁 : 머리 혈

명령을(令) 내리는 우두머리가 (頁) 거느리다.

人	令	領	領	領

領土 - 영토 (흙 토)
大統領 - 대통령 (큰 대, 거느릴 통)

362 令

하여금 **령** 〔人 5획〕

亼 : 모을 집, 卩 : 마디 절

사람들을 불러 모아(亼) 꿇어앉히고(卩) 명령하다.

丿	人	亼	令	令

令狀 - 영장 (문서 장, 모양 상)
命令 - 명령 (목숨 명)

363 勞

일할 **로** 〔力 12획〕

熒 : 밝을 형, 力 : 힘 력

불을 밤새도록 밝혀 놓고(熒) 힘써(力) 일하여 수고하다.

⺌	火	炊	熒	勞

勞動 - 노동 (움직일 동)
勞賃 - 노임 (품삯 임)

364 料

헤아릴 **료** 〔斗 10획〕

米 : 쌀 미, 斗 : 말 두

쌀을(米) 말질하여(斗) 헤아린다.

二	半	米	料	料

料理 - 요리 (다스릴 리)
飼料 - 사료 (먹일 사)

365 類

무리 **류** 〔頁 19획〕

米 : 쌀 겨, 犬 (개), 頁 (머리)

얼굴에(頁) 쌀겨가(米) 묻은 개(犬) 무리.

二	米	类	頪	類

分類 - 분류 (나눌 분)
種類 - 종류 (씨 종)

1 배정한자 361~365

領	令	勞	料	類
거느릴 령	하여금 령	일할 로	헤아릴 료	무리 류

2 훈음과 한자를 쓰시오.

보기

價格 / 가 격 / 격식 격 → 價格 / 가 격 / 값 가, 격식 격 / 정 가 / 정할 정 → 定價 / 정 가 / 정할 정, 값 가

領土 영토 거느릴 령
領有 영유 있을 유
令狀 영장 하여금 령
命令 명령 목숨 명

勞動 노동 일할 로
勞賃 노임 품삯 임
料理 요리 헤아릴 료
飼料 사료 먹일 사

分類 분류 무리 류
種類 종류 씨 종
영토 흙 토
영유 거느릴 령

영장 문서 장
명령 하여금 령
노동 움직일 동
노임 일할 로

요리 다스릴 리
사료 헤아릴 료
분류 나눌 분
종류 무리 류

memo

3 ( ) 안에 훈음을 쓰시오.

보기

(값 가) (격식 격)
물건에 값을 매긴 것 價 格   定 價 (정할 정) (값 가)
일정한 금액으로 정한 가격

( )( )
다스리는 나라땅 영토분쟁 領 土   領 有 거느릴 권한이 있음.
영토·영해·영공의 영유권
( )( )

( )( )
소집, 징집에 대한 법적 문서 令 狀   命 令 호령하여 명함.
공격 명령
( )( )

( )( )
움직여 일하는 것.
노동문제 연구 勞 動   勞 賃 일한 대가로 받는 임금
근로자의 노임
( )( )

( )( )
음식을 조리하여 만듦.
요리 솜씨 料 理   飼 料 동물 가축의 먹이
배합사료
( )( )

( )( )
부류별로 나누는 것.
씨앗을 분류하다. 分 類   種 類 갖가지 부류
다양한 종류
( )( )

4 독음과 한자를 쓰시오.

領 土	令 狀	勞 動	料 理	分 類
영 유	명 령	노 임	사 료	종 류

5 한자를 쓰시오.

5급 배정한자 366 ~ 370 자원 풀이

366 流	흐를 **류** [水 9획] 氵-水, 厶 (아이), 儿-川	아이 머리(厶)가 거꾸로 흘러 (儿) 나올 때 흐르는 물(氵).	
氵 汀 汸 浐 流		流通 - 유통 (통할 통) 流行 - 유행 (다닐 행)	

367 陸	뭍 **륙** [阜 11획] 阝-阜, 坴 : 흙덩이 륙	언덕과(阝) 큰 흙덩이(坴)로 된 뭍의 육지.	
了 阝 陆 陸 陸		陸地 - 육지 (땅 지) 着陸 - 착륙 (붙을 착)	

368 馬	말 **마** [馬 10획] 馬 (말의 갈기), 灬 (발)	말의 갈기(馬)와 꼬리. 그리고 네 발(灬).	
厂 厓 馬 馬 馬		馬具 - 마구 (갖출 구) 馬牌 - 마패 (패 패)	

369 末	끝 **말** [木 5획] 木 : 나무 목, 一 : 머리 두	나무(木) 순의 위 끝머리를(一) 합쳐 말(末)이 되다.	
一 二 キ 才 末		末期 - 말기 (기약할 기) 末年 - 말년 (해 년)	

370 望	바랄 **망** [月 11획] 亡 : 없을 망, 月 (달), 壬 (서서)	우두커니 서서(壬) 달을(月) 바라보며 멀리 떠나간(亡) 사람이 돌아오기를 바란다.	
亡 切 望 望 望		希望 - 희망 (바랄 희) 大望 - 대망 (큰 대)	

memo

1 배정한자 366~370

流 흐를 류
陸 뭍 륙
馬 말 마
末 끝 말
望 바랄 망

2 훈음과 한자를 쓰시오.

보기

| 價格 | → | 價格 | | | 定價 |
| 가 격 / 격식 격 | | 가 격 / 값 가 / 격식 격 | 정 가 / 정할 정 | → | 정 가 / 정할 정 / 값 가 |

流通
유 통 / 흐를 류

流行
유 행 / 다닐 행

陸地
육 지 / 뭍 륙

着陸
착 륙 / 붙을 착

馬具
마 구 / 말 마

馬牌
마 패 / 패 패

末期
말 기 / 끝 말

末年
말 년 / 해 년

希望
희 망 / 바랄 망

大望
대 망 / 큰 대

유 통 / 통할 통

유 행 / 흐를 류

육 지 / 땅 지

착 륙 / 뭍 륙

마 구 / 갖출 구

마 패 / 말 마

말 기 / 기약할 기

말 년 / 끝 말

희 망 / 바랄 희

대 망 / 바랄 망

memo

3 ( ) 안에 훈음을 쓰시오.

> **보기**
>
> (값 가) (격식 격)　價 格　定 價　(정할 정) (값　가)
> 물건에 값을 매긴 것　　　　　　　　일정한 금액으로 정한 가격

(　　　　)(　　　　)　流 通　流 行　시대의 흐름에 따른
흐름이 통하는 것.　　　　　　　　　유행 패션
상품의 유통과정　　　　　　　　　　(　　　　)(　　　　)

(　　　　)(　　　　)　陸 地　着 陸　땅에 닿아 앉다.
뭍의 땅, 육지에 착륙　　　　　　　비행기가 착륙
　　　　　　　　　　　　　　　　　(　　　　)(　　　　)

(　　　　)(　　　　)　馬 具　馬 牌　임금이 준 암행어사의
말에 필요한 도구　　　　　　　　　마패
마부가 마구를 갖추다.　　　　　　(　　　　)(　　　　)

(　　　　)(　　　　)　末 期　末 年　임기 말년의 마지막 끝해
기한이 마지막에 도래
폐암 말기　　　　　　　　　　　　(　　　　)(　　　　)

(　　　　)(　　　　)　希 望　大 望　크게 바라는 희망
바라고 또 바람　　　　　　　　　　통일의 대망
희망찬 새해　　　　　　　　　　　(　　　　)(　　　　)

4 독음과 한자를 쓰시오.

流 通	陸 地	馬 具	末 期	希 望
유　행	착　륙	마　패	말　년	대　망

5 한자를 쓰시오.

| 366 | 流 흐를 류 | 流 / 流 | | | | | |

| 367 | 陸 뭍 륙 | 陸 / 陸 | | | | | |

| 368 | 馬 말 마 | 馬 / 馬 | | | | | |

| 369 | 末 끝 말 | 末 / 末 | | | | | |

| 370 | 望 바랄 망 | 望 / 望 | | | | | |

memo

5급 배정한자 371~375 자원 풀이

371 亡

망할 망 〔亠3획〕

亠-入, ㄴ-隱 (숨을 은)

사람이 으슥한 데로 숨어(ㄴ)든다(亠)는 데서 없어지다.

亡命 - 망명 (목숨 명)
亡身 - 망신 (몸 신)

372 賣

팔 매 〔貝15획〕

士-出, 罒(바구니), 貝(돈)

물건을 사서(買) 다시 내다(士) 판다.

賣買 - 매매 (살 매)
賣却 - 매각 (물러날 각)

373 買

살 매 〔貝12획〕

罒 : 网 (그물), 貝 (돈)

돈을(貝) 주고 산 물건을 그물로 된(罒) 망태기에 사서 담는다.

買收 - 매수 (거둘 수)
買切 - 매절 (끊을 절)

374 無

없을 무 〔火12획〕

無-霖, 灬-火

무성한 나무가(無) 불에 타서(灬) 없어지다.

無料 - 무료 (헤아릴 료)
無線 - 무선 (줄 선)

375 倍

곱 배 〔人10획〕

亻-人, 음 : 가를 부

사람이(亻) 물건을 가르면(音) 갑절 곱이 된다.

倍率 - 배율 (비율 률)
倍加 - 배가 (더할 가)

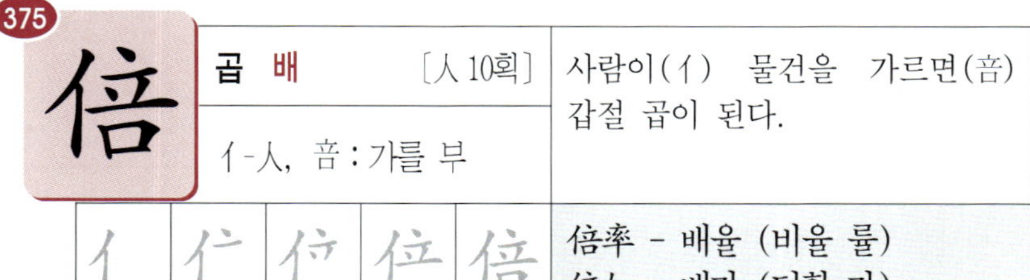

1 배정한자 371~375

2 훈음과 한자를 쓰시오.

memo

3 ( ) 안에 훈음을 쓰시오.

보기

(값 가) (격식 격)
물건에 값을 매긴 것 · 價 格 · 定 價 · (정할 정) (값 가)
일정한 금액으로 정한 가격

( ) ( )
생명을 건 해외 피신
정치 망명
亡 命

亡 身
신변에 창피스러운 일
패가 망신
( ) ( )

( ) ( )
팔고 사는 것.
부동산의 매매알선
賣 買

賣 却
팔아 없애 치우다.
부동산 매각처분
( ) ( )

( ) ( )
사서 들이는 것.
땅을 매수하다.
買 收

買 切
일체를 사다.
필수품의 매절
( ) ( )

( ) ( )
요금이 없음.
무료입장
無 料

無 線
선이 없는 무선통신
( ) ( )

( ) ( )
곱한 비율
망원 렌즈의 배율
倍 率

倍 加
곱하여 더하여지다.
배가 운동
( ) ( )

4 독음과 한자를 쓰시오.

亡命	賣買	買收	無料	倍率
망 신	매 각	매 절	무 선	배 가

memo

5 한자를 쓰시오.

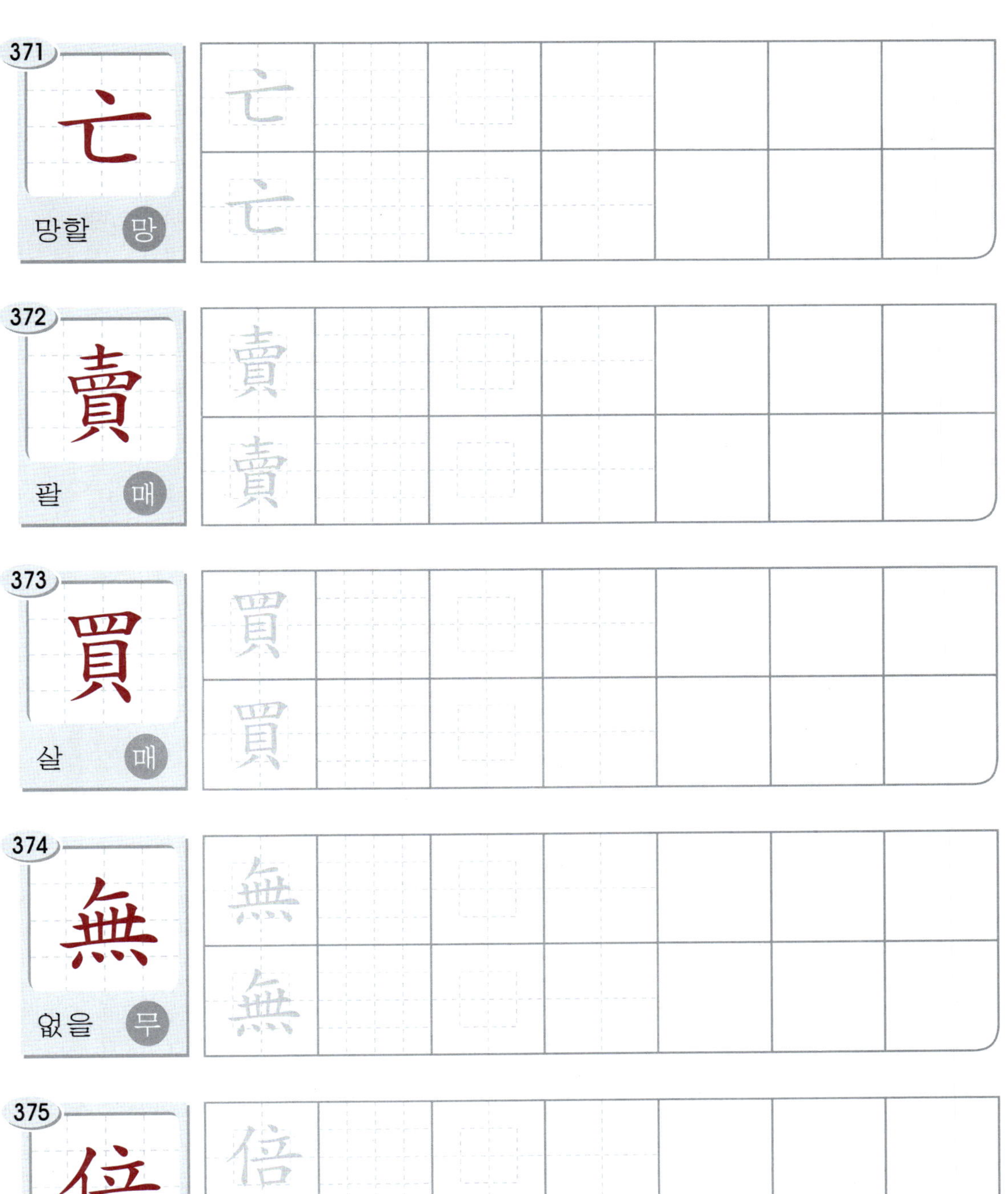

371	亡	망할	망
372	賣	팔	매
373	買	살	매
374	無	없을	무
375	倍	곱	배

memo

5급 배정한자 376 ~ 380 자원 풀이

376 法

법 법　〔水 8획〕

氵- 水, 去 : 갈 거

물의(氵) 수면같이 공평하게 악을 제거하는(去) 법.

氵	氵	汢	法	法

法律 - 법률 (법칙 률)
法官 - 법관 (벼슬 관)

377 變

변할 변　〔言 23획〕

䜌 : 말 잇달 련, 攵-攴

말로 타이르고(䜌) 종아리를 치면(攵) 변한다.

糸	結	䜌	䜌	變

變更 - 변경 (고칠 경, 다시 갱)
變化 - 변화 (될 화)

378 兵

병사 병　〔八 7획〕

斤 : 도끼 근, 六 : 들 공

도끼를(斤) 든(六) 병사의 모습.

厂	斤	斤	兵	兵

兵士 - 병사 (선비 사)
兵力 - 병력 (힘 력)

379 福

복 복　〔示 14획〕

礻 (신), 畐 : 가득찰 복

신에게(礻) 술을 가득 부어(畐) 정성껏 제사 지내 복받다.

礻	礻	福	福	福

福券 - 복권 (문서 권)
幸福 - 행복 (다행 행)

380 奉

받들 봉　〔大 8획〕

丰 : 풀 무성할 봉, 扌- 手

꽃 같은 것을(丰) 두 손으로(扌) 받들어(卄) 드린다.

三	丰	夫	表	奉

奉養 - 봉양 (기를 양)
奉仕 - 봉사 (섬길 사)

1 배정한자 376~380

法	變	兵	福	奉
법 법	변할 변	병사 병	복 복	받들 봉

2 훈음과 한자를 쓰시오.

보기

價格 → 價格 / 定價 → 定價

가격 / 격식 격 → 가격 / 값 가, 격식 격 / 정 가 / 정할 정 → 정 가 / 정할 정, 값 가

法律 — 법율 / 법 법, 법 법
法官 — 법관 / 버슬 관
變更 — 변경 / 변할 변
變化 — 변화 / 될 화

兵士 — 병사 / 병사 병
兵力 — 병력 / 힘 력
福券 — 복권 / 복 복
幸福 — 행복 / 다행 행

奉養 — 봉양 / 받들 봉
奉仕 — 봉사 / 섬길 사
법률 — 법칙 률
법관 — 법 법

변경 — 고칠 경
변화 — 변할 변
병사 — 선비 사
병력 — 병사 병

복권 — 문서 권
행복 — 복 복
봉양 — 기를 양
봉사 — 받들 봉

3 ( ) 안에 훈음을 쓰시오.

보기

(값 가) (격식 격)
물건에 값을 매긴 것 | 價 | 格 | | 定 | 價 | (정할 정) (값 가)
일정한 금액으로 정한 가격

( ) ( )
법으로 된 규율.
법률 제정.

| 法 | 律 |

| 法 | 官 | 법의 집행 판검사.
법관에 의한 재판.
( ) ( )

( ) ( )
변하여 고침.
토지변경.

| 變 | 更 |

| 變 | 化 | 달라져 변하는 것.
지구의 변화.
( ) ( )

( ) ( )
군인의 사병.

| 兵 | 士 |

| 兵 | 力 | 병사 군인 무기의 힘.
병력 이동.
( ) ( )

( ) ( )
추첨권, 복권 당첨.

| 福 | 券 |

| 幸 | 福 | 편안하여 즐거움.
행복한 생활.
( ) ( )

( ) ( )
부모님을 모시는 것.
봉양가족.

| 奉 | 養 |

| 奉 | 仕 | 남을 위하여 대가 없이
일함. 근로봉사.
( ) ( )

4 독음과 한자를 쓰시오.

法 律	變 更	兵 士	福 券	奉 養
법 관	변 화	병 력	행 복	봉 사

5 한자를 쓰시오.

memo

376 法 법 법

377 變 변할 변

378 兵 병사 병

379 福 복 복

380 奉 받들 봉

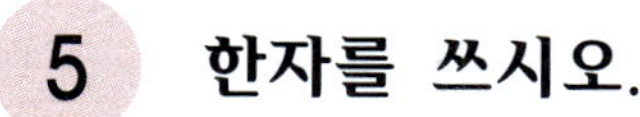

memo

381 比

견줄 **비**	〔比 4획〕

比 - 人 : 좇을 종

一	ㅏ	ㅏ‘	比	比

나란히 선 두사람(比)을 견주어 비교하다.

比重 - 비중 (무거울 중)
比交 - 비교 (사귈 교)

382 鼻

코 **비**	〔鼻 14획〕

自 : 스스로 자, 畀 : 줄 비

自	鼻	畠	畠	鼻

스스로 받침대로(丌) 말미암아 공기를 줌으로(由) 숨을 쉬는 코.

鼻炎 - 비염 (불꽃 염)
鼻音 - 비음 (소리 음)

383 費

쓸 **비**	〔貝 12획〕

弗 : 버릴 불, 貝 : 돈

一	弓	弗	費	費

돈을(貝) 헛되이 써 버린(弗)다 는 뜻으로 허비해 쓰다.

費用 - 비용 (쓸 용)
消費 - 소비 (사라질 소)

384 氷

얼음 **빙**	〔水 5획〕

冫: 얼음 빙, 水 : 물 수

丨	丩	冫	氷	氷

물이(水) 얼어붙어(冫) 얼음이 되다.

氷點 - 빙점 (점 점)
氷河 - 빙하 (물 하)

385 仕

섬길 **사**	〔人 5획〕

士 : 선비 사, 亻-人

ノ	イ	亻	仕	仕

선비 중에서(士) 덕을 쌓은 사람 이(亻) 벼슬을 하고 섬김을 받다.

給仕 - 급사 (줄 급)
奉仕 - 봉사 (받들 봉)

1 **배정한자 381~385**

比	鼻	費	氷	仕
견줄 비	코 비	쓸 비	얼음 빙	섬길 사

2 **훈음과 한자를 쓰시오.**

memo

3 (   ) 안에 훈음을 쓰시오.

보기

(값 가) (격식 격)
물건에 값을 매긴 것　　價 格　　定 價　　(정할 정) (값 가)
　　　　　　　　　　　　　　　　　　　일정한 금액으로 정한 가격

(　　)(　　)					서로 견주어 봄.
무게에 비례 물과 소금의 비중	比	重	比	交	선과 악의 비교 (　　)(　　)
(　　)(　　)					코에서 나는 소리
코에 염증 비염 수술	鼻	炎	鼻	音	(　　)(　　)
(　　)(　　)					써서 소모됨.
쓸 경비, 드는 돈 여행 비용	費	用	消	費	소비자 (　　)(　　)
(　　)(　　)					얼음이 흘러내리는 하천
얼음이 어는 점	氷	點	氷	河	(　　)(　　)
(　　)(　　)					조건 없이 남의 일을
학교나 회사의 심부름꾼	給	仕	奉	仕	도움. 근로봉사 (　　)(　　)

4 독음과 한자를 쓰시오.

比重	鼻炎	費用	氷點	給仕
비　교	비　음	소　비	빙　하	봉　사

5 한자를 쓰시오.

381 比 견줄 비

382 鼻 코 비

383 費 쓸 비

384 氷 얼음 빙

385 仕 섬길 사

5급 배정한자 386 ~ 390 자원 풀이

386

士

선비 **사**　　［士 3획］

一 : 한 일, 十 : 열 십

一 十 士 士 士

하나를(一) 들으면 열을(十) 아는 뜻에 선비사(士)가 된다.

士兵 - 사병 (병사 병)
壯士 - 장사 (장할 장)

387

史

사기 **사**　　［口 5획］

中 : 가운데 중, 又 : 오른손 우

丶 口 口 史 史

손에(又) 붓을 들어 사실을 바르게(中) 기록하는 사기.

史記 - 사기 (기록 기)
歷史 - 역사 (지날 력)

388

思

생각 **사**　　［心 9획］

田 - 囟, 心 : 마음 심

口 田 田 思 思

사람이 마음(心)먹은 바를 두뇌로(田) 생각한다.

思想 - 사상 (생각 상)
思考 - 사고 (생각할 고)

389

寫

베낄 **사**　　［宀 15획］

舃 (까치), 宀 : 집 면

宀 宁 宯 寫 寫

까치가(舃) 집(宀) 주위를 둘러앉듯 글을 베껴 옮긴다.

寫眞 - 사진 (참 진)
寫本 - 사본 (근본 본)

390

査

조사할 **사**　　［木 9획］

木 : 나무 목, 且 : 또 차

十 木 杏 杳 査

나무의(木) 나이테(且)를 세어 나이를 조사하다.

査定 - 사정 (정할 정)
調査 - 조사 (고를 조)

1 배정한자 386~390

士	史	思	寫	查
선비 사	사기 사	생각 사	베낄 사	조사할 사

2 훈음과 한자를 쓰시오.

보기

價格	→	價格		정할 정	→	定價
가 격 / 격식 격		가 격 / 값 가, 격식 격	정 가 / 정할 정		정 가 / 정할 정, 값 가

士兵 — 사 병 / 선비 사

壯士 — 장 사 / 장할 장

史記 — 사 기 / 사기 사

歷史 — 역 사 / 지날 력

思想 — 사 상 / 생각 사

思考 — 사 고 / 생각할 고

寫眞 — 사 진 / 베낄 사

寫本 — 사 본 / 근본 본

查定 — 사 정 / 조사할 사

調査 — 조 사 / 고를 조

사 병 / 병사 병

장 사 / 선비 사

사 기 / 사기 사

역 사 / 지날 력

사 상 / 생각 사

사 고 / 생각할 고

사 진 / 베낄 사

사 본 / 근본 본

사 정 / 정할 정

조 사 / 조사할 사

memo

3 ( ) 안에 훈음을 쓰시오.

보기

(값 가) (격식 격)	價 格	定 價	(정할 정) (값 가)
물건에 값을 매긴 것			일정한 금액으로 정한 가격

( )( )
일반 병사를 말함.
사병식사

士	兵

壯	士

장사 씨름 대회
( )( )

( )( )
역사의 기록
삼국사기

史	記

歷	史

역사 교과서
( )( )

( )( )
서로 생각하는 사상교육

思	想

思	考

생각을 깊이 함.
창의적 사고력
( )( )

( )( )
사진 촬영

寫	眞

寫	本

서류의 원·사본이
필요하여 사진 촬영
( )( )

( )( )
감사원의 사정 조사반

查	定

調	查

범죄 사건을 조사
( )( )

4 독음과 한자를 쓰시오.

士 兵	史 記	思 想	寫 眞	查 定
장 사	역 사	사 고	사 본	조 사

5 한자를 쓰시오.

386 士 선비 사

387 史 사기 사

388 思 생각 사

389 寫 베낄 사

390 查 조사할 사

memo

5급 배정한자 391~395 자원 풀이

391 産

낳을 산 〔生11획〕

产 : 彦, 生 : 날 생

立 产 产 产 産

잘생긴 선비아이(产)를 낳는다는 (生) 뜻으로 된 자.

産室 – 산실 (집 실)
産母 – 산모 (어미 모)

392 相

서로 상 〔木9획〕

木 : 나무 목, 目 : 눈 목

十 木 机 相 相

나무(木) 위에 올라 바라보면(目) 서로가 마주보게 된다.

相面 – 상면 (낯 면)
相剋 – 상극 (이길 극)

393 商

장사 상 〔口11획〕

冏 : 高, 㕬 (소리질러)

立 咅 商 商 商

높은 데서(冏) 소리질러(㕬) 장사하다.

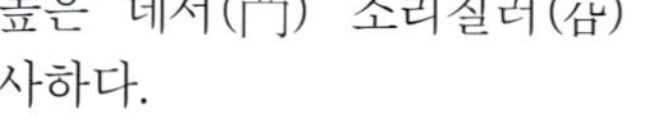

商街 – 상가 (거리 가)
商品 – 상품 (물건 품)

394 賞

상줄 상 〔貝15획〕

尙 : 가상할 상, 貝 (돈)

丷 尙 尙 賞 賞

공로가 가상하여(尙) 재물을(貝) 내려 상 주다.

賞狀 – 상장 (문서 장)
賞金 – 상금 (쇠 금)

395 序

차례 서 〔广7획〕

广 : 집 엄, 予 : 취할 여

亠 广 庁 庁 序

부잣집(广) 앞에 재물을 얻으려 (予) 차례로 서 있다.

順序 – 순서 (순할 순)
序列 – 서열 (벌일 렬)

1 배정한자 391~395

産	相	商	賞	序
낳을 산	서로 상	장사 상	상줄 상	차례 서

2 훈음과 한자를 쓰시오.

보기

價格 → 價格 / 가 격 · 격식 격 / 값 가
정 가 · 정할 정 → 定價 / 정 가 · 정할 정 · 값 가

産室	産母	相面	相剋
산 실 · 낳을 산	산 모 · 어미 모	상 면 · 서로 상	상 극 · 이길 극

商街	商品	賞狀	賞金
상 가 · 장사 상	상 품 · 물건 품	상 장 · 상줄 상	상 금 · 쇠 금

順序	序列	산 실 · 집 실	산 모 · 낳을 산
순 서 · 순할 순	서 열 · 벌일 렬		

상 면 · 낮 면	상 극 · 서로 상	상 가 · 거리 가	상 품 · 장사 상

상 장 · 문서 장	상 금 · 상줄 상	순 서 · 차례 서	서 열 · 차례 서

memo

3 ( ) 안에 훈음을 쓰시오.

보기

(값 가) (격식 격)
물건에 값을 매긴 것 — 價 格   定 價 (정할 정) (값 가)
일정한 금액으로 정한 가격

( ) ( )
애기 낳는 방
병원의 산실 — 産 室

産 母
애기낳은 애기 엄마
산모의 건강
( ) ( )

( ) ( )
서로 맞대면 하는 것.
상면 대화 — 相 面

相 剋
만나서 다투는 것.
만나면 상극이다.
( ) ( )

( ) ( )
장사하는 거리
썰렁한 상가 — 商 街

商 品
상점의 파는 물건
상품 진열
( ) ( )

( ) ( )
잘함을 칭찬하여 주는 문서
우등상장 — 賞 狀

賞 金
상으로 주는 돈
상장과 상금을 받다.
( ) ( )

( ) ( )
차례를 지키는 것.
순서대로 한줄서기 — 順 序

序 列
줄에 선 순서
양반 서열
( ) ( )

4 독음과 한자를 쓰시오.

産室	相面	商街	賞狀	順序
산 모	상 극	상 품	상 금	서 열

5 한자를 쓰시오.

391 産 낳을 (산)

392 相 서로 (상)

393 商 장사 (상)

394 賞 상줄 (상)

395 序 차례 (서)

5급 배정한자 396 ~ 400 자원 풀이

396 仙	신선 선 〔人 5획〕 亻-人, 山:메 산	사람이(亻) 깊은 산에서(山) 도를 닦으면 신선이 된다.	
	ノ 亻 亻 仙 仙	仙女 - 선녀 (계집 녀) 神仙 - 신선 (귀신 신)	

397 鮮	고울 선 〔魚 17획〕 魚:고기 어, 羊:양 양	양에서(羊) 노린내 나듯 신선한 고기에서(魚) 비린내 나니 물때가 곱다.	
	ク 甶 魚 鮮 鮮	生鮮 - 생선 (날 생) 鮮明 - 선명 (밝을 명)	

398 善	착할 선 〔口 12획〕 羊:양 양, 吅:여러 말	양이란(羊) 동물은 여러 말할 필요 없이(吅) 착하다.	
	丷 羊 羊 羔 善	善良 - 선량 (어질 량) 善心 - 선심 (마음 심)	

399 船	배 선 〔舟 11획〕 舟:배 주, 㕣:늪 연	늪이나(㕣) 강을 건너다니는 배(舟)를 뜻함.	
	几 舟 舟 舤 船	船長 - 선장 (긴 장) 船員 - 선원 (인원 원)	

400 選	가릴 선 〔辵 16획〕 巽:유순할 손, 辶-辵	무릎을 꿇고 (㔾㔾) 제사를(共 =卄+六) 배우러 갈 사람을 가리다.	
	ㄱ 㔾㔾 巺 巽 選	選舉 - 선거 (들 거) 選擇 - 선택 (가릴 택)	

1 배정한자 396~400

仙	鮮	善	船	選
신선 선	고울 선	착할 선	배 선	가릴 선

2 훈음과 한자를 쓰시오.

보기

價格 (가격 / 격식 격) → 價格 (가격 / 값 가, 격식 격) / 정 가 (정할 정) → 定價 (정 가 / 정할 정, 값 가)

仙女 선녀 (신선 선)	神仙 신선 (귀신 신)	生鮮 생선 (고울 선)	鮮明 선명 (밝을 명)
善良 선량 (착할 선)	善心 선심 (마음 심)	船長 선장 (배 선)	船員 선원 (인원 원)
選擧 선거 (가릴 선)	選擇 선택 (가릴 택)	선녀 (계집 녀)	신선 (신선 선)
생선 (날 생)	선명 (고울 선)	선량 (어질 량)	선심 (착할 선)
선장 (긴 장)	선원 (배 선)	선거 (들 거)	선택 (가릴 선)

memo

3 (   ) 안에 훈음을 쓰시오.

보기

(값 가) (격식 격)　價 格　定 價　(정할 정) (값 가)
물건에 값을 매긴 것　　　　　　　　　일정한 금액으로 정한 가격

(   ) (   )　仙 女　神 仙　산에서 도를 닦아 신선
선선한 여자　　　　　　　　　　　　　이 되다.
하늘에서 내려온 천사　　　　　　　　(   ) (   )

(   ) (   )　生 鮮　鮮 明　고기의 빛깔이 선명하여
잡은 그대로의 고기 생선회　　　　　　신선하다.
　　　　　　　　　　　　　　　　　　(   ) (   )

(   ) (   )　善 良　善 心　착한 마음, 선량한 사람
착하고 어진 사람　　　　　　　　　　의 선심
선량한 시민　　　　　　　　　　　　　(   ) (   )

(   ) (   )　船 長　船 員　배에서 일하는 인원
배를 조정하는 선장　　　　　　　　　(   ) (   )

(   ) (   )　選 擧　選 擇　좋고 나쁨을 가리는 것.
시민 민주 선거　　　　　　　　　　　이왕이면 좋은 것을 선택
　　　　　　　　　　　　　　　　　　(   ) (   )

4 독음과 한자를 쓰시오.

仙 女	生 鮮	善 良	船 長	選 擧
신 선	선 명	선 심	선 원	선 택

5 한자를 쓰시오.

396	仙					
신선 (선)	仙					
	仙					

397	鮮					
고울 (선)	鮮					
	鮮					

398	善					
착할 (선)	善					
	善					

399	船					
배 (선)	船					
	船					

400	選					
가릴 (선)	選					
	選					

5급 배정한자 401 ~ 405 자원 풀이

401 説

말씀 설 〔言 14획〕

言 : 말씀 언, 兌 : 기꺼울 태

내용을 밝혀 기뻐하도록(兌) 설명하는 말씀(言).

言 言 言 訁 詍 説

説教 - 설교 (가르칠 교)
説明 - 설명 (밝을 명)

402 性

성품 성 〔心 8획〕

忄 - 心, 生 : 날 생

날 때부터(生) 타고난 마음의(忄) 성품.

忄 忄 忤 忤 性

性格 - 성격 (격식 격)
性品 - 성품 (물건 품)

403 歲

해 세 〔止 13획〕

步 : 걸을 보 戌 : 때려부술 술

유목민들이 이동하다가(步) 겨울에 한 곳에 머물며 적과 싸우다(戌) 보면 해가 바뀐다.

止 步 歩 歲 歲

歲月 - 세월 (달 월)
歲暮 - 세모 (저물 모)

404 洗

씻을 세 〔水 9획〕

氵 - 水, 先 : 먼저 선

대야물(氵)에 손보다 발을 먼저(先) 넣고 씻는다.

氵 氵 洴 洗 洗

洗劑 - 세제 (약제 제)
洗濯 - 세탁 (씻을 탁)

405 束

묶을 속 〔木 7획〕

木 : 나무 목, 囗 : 에울 위

나무를(木) 줄로 감아(囗) 묶는다.

一 一 束 束 束

結束 - 결속 (맺을 결)
約束 - 약속 (맺을 약)

memo

1 배정한자 401~405

説	性	歲	洗	束
말씀 설	성품 성	해 세	씻을 세	묶을 속

2 훈음과 한자를 쓰시오.

보기

價格 / 가격 / 격식 격 → 價格 / 가격 / 값 가, 격식 격

정가 / 정할 정 → 定價 / 정가 / 정할 정, 값 가

説教 / 설교 / 말씀 설

説明 / 설명 / 밝을 명

性格 / 성격 / 성품 성

性品 / 성품 / 물건 품

歲月 / 세월 / 해 세

歲暮 / 세모 / 저물 모

洗劑 / 세제 / 씻을 세

洗濯 / 세탁 / 씻을 탁

結束 / 결속 / 묶을 속

約束 / 약속 / 맺을 약

설교 / 가르칠 교

설명 / 말씀 설

성격 / 격식 격

성품 / 성품 성

세월 / 달 월

세모 / 해 세

세제 / 약제 제

세탁 / 씻을 세

결속 / 맺을 결

약속 / 묶을 속

3 ( ) 안에 훈음을 쓰시오.

> **보기**
>
> (값 가) (격식 격)
> 물건에 값을 매긴 것 　價格　定價　(정할 정) (값 가)
> 일정한 금액으로 정한 가격

( )( )
목사님의 설교 내용
설명하여 가르치는 것. 　説教　|　説明　알기 쉽게 자세히 말함.
문제를 풀어서 설명
( )( )

( )( )
개인의 습관적 성질
적극적인 성격 　性格　|　性品　품격을 갖춘 성격
성품이 좋은 모범 학생
( )( )

( )( )
지나간 많은 기간의 세월 　歲月　|　歲暮　한해가 저무는 연말
쓸쓸한 세모
( )( )

( )( )
세탁기에 옷을 세탁 　洗濯　|　洗劑　빨래할 때 쓰이는 여러
약제
( )( )

( )( )
약속을 다지는 것.
결속된 약속 　結束　|　約束　지킬 것을 서로 다지는 것.
( )( )

4 독음과 한자를 쓰시오.

説教	性格	歲月	洗濯	結束
설　명	성　품	세　모	세　제	약　속

5 한자를 쓰시오.

401	説 말씀 설
402	性 성품 성
403	歲 해 세
404	洗 씻을 세
405	束 묶을 속

memo

5급 배정한자 406 ～ 410 자원 풀이

406 首

머리 수　〔首 9획〕

⺌(머리털), 自 : 스스로 자

⺍	⺌	屮	首	首

머리털은(⺌) 얼굴 머리 위에(自) 있다.

首都 - 수도 (도읍 도)
首相 - 수상 (서로 상)

407 宿

잘 숙　〔宀 11획〕

宀(집), 亻(사람), 百 : 일백 백

宀	宀	宿	宿	宿

집 안에(宀) 많은(百) 사람이(亻) 자면서 쉰다.

宿所 - 숙소 (바 소)
宿泊 - 숙박 (머무를 박)

408 順

순할 순　〔頁 12획〕

川 : 내 천, 頁 : 머리 혈

丿	川	順	順	順

사람의 몸이 정수리(頁)에서 발꿈치까지 내가(川) 흐르듯 지극한 순리에 따라 순하다.

順理 - 순리 (다스릴 리)
順應 - 순응 (응할 응)

409 示

보일 시　〔示 5획〕

示 : 제사, 上＋川

一	二	于	示	示

하늘의(上) 빛을 내려(川) 본다의 뜻과, 제단의 제기 그릇(示)을 뜻한다.

展示 - 전시 (펼 전)
揭示 - 게시 (들 게, 걸 게)

410 識

알 식, 표할 지　〔言 19획〕

言 : 말씀 언, 戠 : 찰흙 시

言	言	語	語	識

전해오는 말(言)과 소리를(音) 진흙벽에 칼로(戈) 새겨 여러 사람에게 알게 하다.

知識 - 지식 (알 지)
識見 - 식견 (볼 견)

memo

1 배정한자 406~410

首	宿	順	示	識
머리 수	잘 숙	순할 순	보일 시	알 식

2 훈음과 한자를 쓰시오.

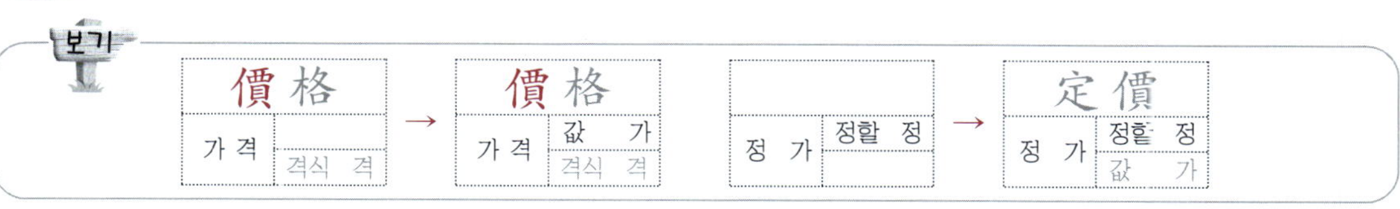

3 ( ) 안에 훈음을 쓰시오.

보기

(값 가) (격식 격) 價 格   定 價 (정할 정) (값 가)
물건에 값을 매긴 것   일정한 금액으로 정한 가격

( ) ( )
대한민국 수도는 서울이다.　首 都

首 相　일본의 총리수상
총리격의 국무책임자
( ) ( )

( ) ( )
잠자는 장소
선수들의 숙소　宿 所

宿 泊　숙소에서 머물러 자는 것.
민박촌에서 숙박
( ) ( )

( ) ( )
이치에 맞는 순탄한 방법
순리에 맞는 자연이치　順 理

順 應　자연 순리에 따르는 것.
자연 순종
( ) ( )

( ) ( )
보이도록 내다 펴놓은 일
도서 전시　展 示

揭 示　정보나 소식을 알리는 판
학교 게시판
( ) ( )

( ) ( )
아는 정보 지식　知 識

識 見　지식과 견해
식견이 있는 사람
( ) ( )

4 독음과 한자를 쓰시오.

首都	宿所	順理	展示	知識
수　상	숙　박	순　응	게　시	식　견

5 한자를 쓰시오.

406 首 머리 수

407 宿 잘 숙

408 順 순할 순

409 示 보일 시

410 識 알 식

memo

5급 배정한자 411 ~ 415 자원 풀이

411

臣

신하 신 [臣6획]

臣 (신하의 굽힌 등)

| 厂 | 臣 | 臣 | 臣 | 臣 |

임금 앞에 신하가 등을 굽힌(臣) 모습이다.

功臣 - 공신 (공 공)
臣下 - 신하 (아래 하)

412

實

열매 실 [宀14획]

宀:집 면, 貫:꿸 관

| 宀 | 宁 | 宙 | 宲 | 實 |

집 안에(宀) 돈(貝) 꿰미(毌)가 과일의 열매 맺듯 가득하다.

實技 - 실기 (재주 기)
實用 - 실용 (쓸 용)

413

兒

아이 아 [儿8획]

儿 - 人 (아이), 臼 (숫구멍)

| 臼 | 臼 | 臼 | 兒 | 兒 |

아이는(儿) 머리가 커(臼) 돋보인다.

幼兒 - 유아 (어릴 유)
育兒 - 육아 (기를 육)

414

惡

악할 악 [心12획]

亞 (곱사등), 心 : 마음 심

| 厂 | 互 | 亞 | 惡 | 惡 |

마음이(心) 곱사등처럼 굽어(亞) 악하다.

惡鬼 - 악귀 (귀신 귀)
惡夢 - 악몽 (꿈 몽)

415

案

책상 안 [木10획]

安:편안할 안, 木:나무 목

| 宀 | 宀 | 安 | 安 | 案 |

편안하게(安) 앉아 공부하는 나무(木) 책상.

案件 - 안건 (물건 건)
提案 - 제안 (끌 제)

memo

1 배정한자 411~415

臣	實	兒	惡	案
신하 신	열매 실	아이 아	악할 악	책상 안

2 훈음과 한자를 쓰시오.

보기

價格	→	價格			定價	→	定價
가격 / 격식 격		가격 / 값 가 / 격식 격		정가 / 정할 정		정가 / 정할 정 / 값 가

功臣
공신 / 신하 신

臣下
신하 / 아래 하

實技
실기 / 열매 실

實用
실용 / 쓸 용

幼兒
유아 / 아이 아

育兒
육아 / 기를 육

惡鬼
악귀 / 악할 악

惡夢
악몽 / 꿈 몽

案件
안건 / 책상 안

提案
제안 / 끌 제

공신 / 공 공

신하 / 신하 신

실기 / 재주 기

실용 / 열매 실

유아 / 어릴 유

육아 / 아이 아

악귀 / 귀신 귀

악몽 / 악할 악

안건 / 물건 건

저안 / 책상 안

memo

3 ( ) 안에 훈음을 쓰시오.

보기

(값 가) (격식 격)
물건에 값을 매긴 것   價格   定價   (정할 정) (값 가)
일정한 금액으로 정한 가격

( )( )
공이 있는 신하
공신 역신   功臣   臣下   임금 밑에 있는
충신과 공신
( )( )

( )( )
실지 기술, 실기 실습   實技   實用   실지 쓸모가 있는 것.
실용 가치가 있다.
( )( )

( )( )
어린 아이, 유아교육   幼兒   育兒   아이를 기르는 일, 육아원
( )( )

( )( )
악한 귀신 무당이 악귀를
쫓다.   惡鬼   惡夢   악한 마귀의 꿈.
악몽과 길몽
( )( )

( )( )
제안된 의견, 안건을 제안   案件   提案   안건을 제안하여 내는 것.
( )( )

4 독음과 한자를 쓰시오.

功臣	實技	幼兒	惡鬼	案件
신 하	실 용	육 아	악 몽	제 안

5 한자를 쓰시오.

memo

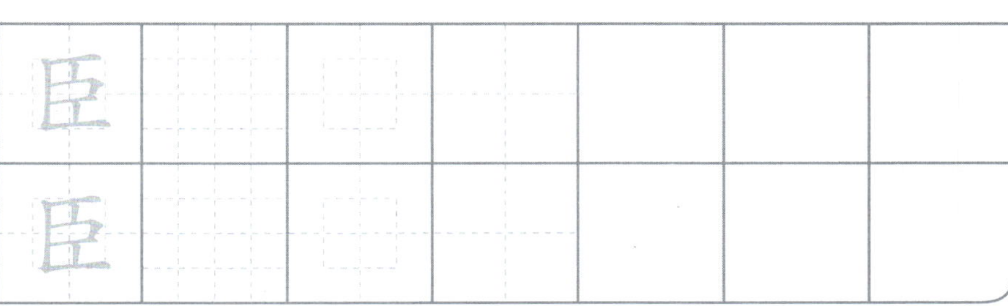

411 臣 신하 (신)

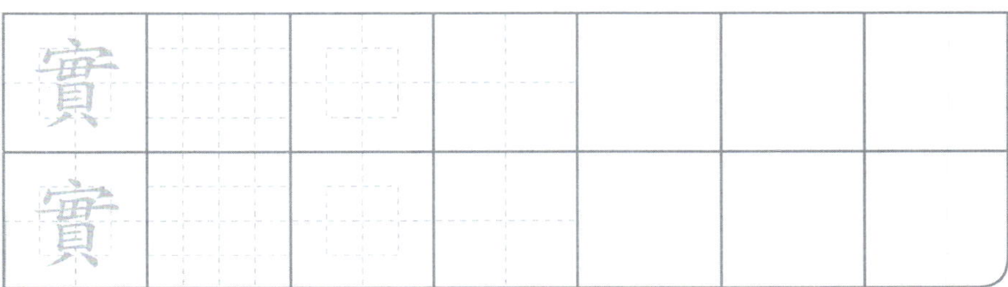

412 實 열매 (실)

413 兒 아이 (아)

414 惡 악할 (악)

415 案 책상 (안)

memo

5급 배정한자 416 ~ 420 자원 풀이

416

約

맺을 **약**	〔糸 9획〕
糸 : 실 사, 勹 : 작을 작	

실로(糸) 작은 매듭(勹)을 맺는다.

幺	糸	約	約	約

約條 - 약조 (가지 조)
約束 - 약속 (묶을 속)

417

養

기를 **양**	〔食 15획〕
羊 : 양 양, 食 : 밥 식	

양에게(羊) 먹이를(食) 먹여 기른다.

丷	羊	美	養	養

養育 - 양육 (기를 육)
養成 - 양성 (이룰 성)

418

魚

고기 **어**	〔魚 11획〕
勹 (머리), 田 (몸), 灬 (꼬리)	

물고기의 머리(勹)와 몸체(田) 그리고 지느러미의(灬) 모양.

勹	勹	角	角	魚

魚類 - 어류 (무리 류)
魚肉 - 어육 (고기 육)

419

漁

고기잡을 **어**	〔水 14획〕
氵 - 水, 魚 : 고기 어	

물에서(氵) 고기를(魚) 잡는다는 뜻으로 된 자.

氵	沩	漁	漁	漁

漁夫 - 어부 (지아비 부)
漁網 - 어망 (그물 망)

420

億

억 **억**	〔人 15획〕
亻 : 사람 인, 意 : 뜻 의	

사람이(亻) 뜻하는 대로(意) 잘 되어 억대의 부자가 된다.

亻	亻	倍	億	億

億萬 - 억만 (일만 만)
億兆 - 억조 (억조 조)

memo

1 배정한자 416~420

約	養	魚	漁	億
맺을 약	기를 양	고기 어	고기잡을 어	억 억

2 훈음과 한자를 쓰시오.

보기

價格 / 가격 / 격식 격 → 價格 / 가격 / 값 가 / 격식 격

/ 정가 / 정할 정 → 定價 / 정가 / 정할 정 / 값 가

約條 / 약조 / 맺을 약

約束 / 약속 / 묶을 속

養育 / 양육 / 기를 양

養成 / 양성 / 이룰 성

魚類 / 어류 / 고기 어

魚肉 / 어육 / 고기 육

漁夫 / 어부 / 고기잡을 어

漁網 / 어망 / 그물 망

億萬 / 억만 / 억 억

億兆 / 억조 / 억조 조

약조 / 가지 조

약속 / 맺을 약

양육 / 기를 육

양성 / 기를 양

어류 / 무리 류

어육 / 고기 어

어부 / 지아비 부

어망 / 고기잡을 어

억만 / 일만 만

억조 / 억 억

memo

3 ( ) 안에 훈음을 쓰시오.

보기

(값 가) (격식 격) 物件에 값을 매긴 것 價 格   定 價 (정할 정) (값 가) 일정한 금액으로 정한 가격

( )( )
조건을 들어 결혼을
약조하다.
約 條

約 束
지킬 것을 약조함.
약속을 지키다.
( )( )

( )( )
아이를 기르는 일
양육비
養 育

養 成
길러내다.
인재양성
( )( )

( )( )
고기의 여러 종류
많은 종류의 어류
魚 類

魚 肉
생선의 살
( )( )

( )( )
고기잡는 직업인
가난한 어부
漁 夫

漁 網
고기잡는 그물
바다에 어망을 치다.
( )( )

( )( )
억과 만. 억만장자
億 萬

億 兆
억과 조의 단위
억조창생
( )( )

4 독음과 한자를 쓰시오.

約條	養育	魚類	漁夫	億萬
약 속	양 성	어 육	어 망	억 조

5 한자를 쓰시오.

memo

5급 배정한자 421~425 자원 풀이

421

熱

더울 **열** [火 15획]

埶 : 형세 세, 灬 - 火

圥	坴	封	埶	熱

불길이(灬) 세차서(埶) 덥고 뜨겁다.

熱火 - 열화 (불 화)
熱氣 - 열기 (기운 기)

422

葉

잎 **엽** [艸 13획]

艹 : 풀 초, 枼 : 엷을 엽

艹	芏	苲	葉	葉

초목에(艹) 달린 엷은 잎의(枼) 모양을 나타내는 잎사귀.

葉茶 - 엽차 (차 다, 차 차)
葉書 - 엽서 (글 서)

423

屋

집 **옥** [尸 9획]

尸 - 厂, 至 : 이를 지

屮	尸	居	屋	屋

사람이 주거하여(尸) 사는(至) 집을 뜻한다.

韓屋 - 한옥 (나라 한)
家屋 - 가옥 (집 가)

424

完

완전할 **완** [宀 7획]

宀 : 집 면, 元 : 으뜸 원

丶	宀	宂	宇	完

담을 우뚝하게(元) 쌓고 지붕(宀)을 해 씌워 완전하다.

完全 - 완전 (온전 전)
完成 - 완성 (이룰 성)

425

要

요긴할 **요** [襾 9획]

襾 : 덮을 아, 女 : 계집 녀

一	亠	覀	要	要

여자가(女) 허리에 양손을 짚고(襾) 섰는 모습에서 날씬한 허리를 요하다, 구하다.

要約 - 요약 (맺을 약)
要點 - 요점 (점 점)

1 배정한자 421~425

熱	葉	屋	完	要
더울 열	잎 엽	집 옥	완전할 완	요긴할 요

2 훈음과 한자를 쓰시오.

보기

價格 → 價格
가격 / 격식 격 → 가격 / 값 가 · 격식 격

정 가 / 정할 정 → 定價
정 가 / 정할 정 · 값 가

熱火 열 화 — 더울 열

熱氣 열 기 — 기운 기

葉茶 엽 차 — 잎 엽

葉書 엽 서 — 글 서

韓屋 한 옥 — 집 옥

家屋 가 옥 — 집 가

完全 완 전 — 완전할 완

完成 완 성 — 이룰 성

要約 요 약 — 요긴할 요

要點 요 점 — 점 점

열 화 — 불 화

열 기 — 더울 열

엽 차 — 차 차

엽 서 — 잎 엽

한 옥 — 나라 한

가 옥 — 집 옥

완 전 — 온전 전

완 성 — 완전할 완

요 약 — 맺을 약

요 점 — 요긴할 요

memo

3 ( ) 안에 훈음을 쓰시오.

보기

(값 가) (격식 격)
물건에 값을 매긴 것 　價 格　 定 價　 (정할 정) (값 가)
일정한 금액으로 정한 가격

( )( )
불의 더운 열
국민의 열화 같은 성원　熱 火　 熱 氣　 더운 기운
더운 여름의 열기
( )( )

( )( )
잎으로 만든 녹차
엽차와 다과　葉 茶　 葉 書　 종이로 된 편지 엽서
( )( )

( )( )
전통 양식에 의한
한옥 기와　韓 屋　 家 屋　 일반적 주택 가옥
( )( )

( )( )
전체가 온전하고 완전하다.　完 全　 完 成　 완전히 이루어 내다.
궁궐을 완성하다.
( )( )

( )( )
핵심된 줄거리
문장의 내용을 요약　要 約　 要 點　 요약한 중요 포인트
요점 정리
( )( )

4 독음과 한자를 쓰시오.

熱火	葉茶	韓屋	完全	要約
열 기	엽 서	가 옥	완 성	요 점

5 한자를 쓰시오.

memo

421	熱 더울 열	熱						
		熱						
422	葉 잎 엽	葉						
		葉						
423	屋 집 옥	屋						
		屋						
424	完 완전할 완	完						
		完						
425	要 요긴할 요	要						
		要						

5급 배정한자 426 ～ 430 자원 풀이

426

曜

빛날 요 〔日 18획〕

日 : 날 일, 翟 : 꿩 탁

| 日 | 日ㅋㅋ | 日ㅋ | 曜 | 曜 |

꿩의 깃이(翟) 햇볕을(日) 받아 빛나다.

曜日 - 요일 (날 일)
土曜日 - 토요일

427

浴

목욕할 욕 〔水 10획〕

氵-水, 谷 : 골 곡

| 氵 | 氵 | 汶 | 浴 | 浴 |

골짜기(谷)에 흐르는 물에(氵) 목욕하다.

浴室 - 욕실 (집 실)
沐浴 - 목욕 (머리감을 목)

428

雨

비 우 〔雨 8획〕

冂 (우주공간), 水 - 水

| 一 | 冂 | 帀 | 雨 | 雨 |

우주 공간에(冂) 빗방울이(水) 떨어지는 모양.

雨期 - 우기 (기약할 기)
雨傘 - 우산 (우산 산)

429

友

벗 우 〔又 4획〕

ナ-左, 又 : 또 우

| 一 | ナ | 方 | 友 | 友 |

뜻이 맞아 손에(ナ) 손을(又) 잡고 돕고 친한 벗.

友情 - 우정 (뜻 정)
友愛 - 우애 (사랑 애)

430

牛

소 우 〔牛 4획〕

𠂉 (소의 뿔), 十 (앞 머리)

| ノ | ノ | 𠂉 | 牛 | 牛 |

소의 양 뿔과(𠂉) 꼬리 양 어깨(十)를 본 뜬 글자.

牛乳 - 우유 (젖 유)
牛脂 - 우지 (기름 지)

---

1 배정한자 426~430

曜	浴	雨	友	牛
빛날 요	목욕할 욕	비 우	벗 우	소 우

2 훈음과 한자를 쓰시오.

보기

價格 / 가격 / 격식 격 → 價格 / 가격 / 값 가 / 격식 격 / 정가 / 정할 정 → 定價 / 정가 / 정할 정 / 값 가

曜日 / 요일 / 빛날 요

土曜 / 토요 / 흙 토

浴室 / 욕실 / 목욕할 욕

沐浴 / 목욕 / 머리감을 목

雨期 / 우기 / 비 우

雨傘 / 우산 / 우산 산

友情 / 우정 / 벗 우

友愛 / 우애 / 사랑 애

牛乳 / 우유 / 소 우

牛脂 / 우지 / 기름 지

요일 / 날 일

토요 / 빛날 요

욕실 / 집 실

목욕 / 목욕할 욕

우기 / 기약 기

우산 / 비 우

우정 / 뜻 정

우애 / 벗 우

우유 / 젖 유

우지 / 소 우

memo

3 ( ) 안에 훈음을 쓰시오.

보기

(값 가) (격식 격)
물건에 값을 매긴 것
價 格

定 價
(정할 정) (값 가)
일정한 금액으로 정한 가격

( )( )
일요일, 월요일
曜 日

土 曜
토요일, 금요일
( )( )

( )( )
목욕하는 방
욕실 안에 욕조
浴 室

沐 浴
욕실에서 목욕하다.
( )( )

( )( )
비오는 시기
우기에 장마지다.
雨 期

雨 傘
우기에 우산을 갖추어 들고 다닌다.
( )( )

( )( )
친구 사이에 정
우정이 깊다.
友 情

友 愛
친구를 사랑하는 정
우애와 우정
( )( )

( )( )
소에서 짠 젖
牛 乳

牛 脂
소의 기름
우지로 비누를 만든다.
( )( )

4 독음과 한자를 쓰시오.

曜日	浴室	雨期	友情	牛乳
토 요	목 욕	우 산	우 애	우 지

5 한자를 쓰시오.

5급 배정한자 431~435 자원 풀이

431 雲	구름 운 〔雨 12획〕 雨:비 우, 云:이를 운	비가(雨)되는 수증기(云)의 응결체인 구름을 뜻함.	
一 宀 雫 雲 雲		雲峰 - 운봉 (봉우리 봉) 雲霧 - 운무 (안개 무)	

432 雄	수컷 웅 〔隹 12획〕 厷:팔 굉, 隹:새 추	암컷보다 (厷)완력이 센 새(隹)인 수컷을 뜻한다.	
ナ 厷 九 雄 雄		英雄 - 영웅 (꽃부리 영) 雄志 - 웅지 (뜻 지)	

433 元	으뜸 원 〔儿 4획〕 二-上, 儿-人	사람의(人) 윗 부분인(二) 머리가 으뜸이다.	
一 二 テ 元 元		元來 - 원래 (올 래) 元祖 - 원조 (할아비 조)	

434 願	원할 원 〔頁 19획〕 原:근원 원, 頁:머리 혈	머리는(頁) 사고 생각의 근원임에(原) 원하여 바란다.	
厂 厡 原 願 願		志願 - 지원 (뜻 지) 願書 - 원서 (글 서)	

435 原	언덕 원 〔厂 10획〕 厂:굴바위 엄, 泉-泉	바위 밑에서(厂) 솟아나는 샘이(泉) 근본이다.	
厂 厉 盾 原 原		高原 - 고원 (높을 고) 原料 - 원료 (헤아릴 료)	

1 배정한자 431~435

雲	雄	元	願	原
구름 운	수컷 웅	으뜸 원	원할 원	언덕 / 근본 원

2 훈음과 한자를 쓰시오.

보기

價格 → 價格 값 가 / 격식 격
가 격 / 격식 격

정 가 정할 정 → 定價 정할 정 / 값 가
정 가

雲峰 운 봉 — 구름 운

雲霧 운 무 — 안개 무

英雄 영 웅 — 수컷 웅

雄志 웅 지 — 뜻 지

元來 원 래 — 으뜸 원

元祖 원 조 — 할아비 조

志願 지 원 — 원할 원

願書 원 서 — 글 서

高原 고 원 — 언덕 원

原料 원 료 — 헤아릴 료

운 봉 — 봉우리 봉

운 무 — 구름 운

영 웅 — 꽃부리 영

웅 지 — 수컷 웅

원 래 — 올 래

원 조 — 으뜸 원

지 원 — 뜻 지

원 서 — 원할 원

고 원 — 높을 고

원 료 — 근본 원

3 ( ) 안에 훈음을 쓰시오.

> **보기**
>
> (값 가) (격식 격) 價 格   定 價 (정할 정) (값 가)
> 물건에 값을 매긴 것   일정한 금액으로 정한 가격

(   )(   )　雲 峰　　雲 霧　구름과 안개
구름이 낀 봉우리　　　　　　　　　　　(   )(   )

(   )(   )　英 雄　　雄 志　웅장한 큰 뜻
뛰어난 시대의 인물　　　　　　　　　　(   )(   )

(   )(   )　元 來　　元 祖　원래의 조상
본래의 근원　　　　　　　　　　　　　　(   )(   )

(   )(   )　志 願　　願 書　지원하는 서식의 글
뜻이 있어 원하는 것.　　　　　　　　　(   )(   )
군에 지원하다.

(   )(   )　高 原　　原 料　자료가 되는 근원 커피
산의 높은 언덕　　　　　　　　　　　　의 원료
고원지대　　　　　　　　　　　　　　　　(   )(   )

4 독음과 한자를 쓰시오.

雲峰	英雄	元來	志願	高原
운 무	웅 지	원 조	원 서	원 료

5 한자를 쓰시오.

memo

 memo

5급 배정한자 436 ~ 440 자원 풀이

436 院

집 **원** 　　［阜 10획］

阝 - 阜, 完 : 튼튼할 완

언덕(阝)같이 튼튼하게(完) 지은 관청의 집.

阝　阝　阡　阮　院

病院 - 병원 (병 병)
院長 - 원장 (긴 장, 어른 장)

437 偉

클 **위** 　　［人 11획］

亻 - 人, 韋 : 어긋날 위

보통사람(亻)과는 다르게 보이는 (韋) 크고 위대한 사람.

亻　仴　偉　偉　偉

偉人 - 위인 (사람 인)
偉大 - 위대 (큰 대)

438 位

자리 **위** 　　［亻 7획］

亻 - 人, 立 : 설 립

벼슬아치들이(亻) 서 있는(立) 자리의 지위.

亻　仁　位　位　位

位置 - 위치 (둘 치)
位相 - 위상 (서로 상)

439 以

써 **이** 　　［人 5획］

Ｌ - ム (쟁기), 人 : 사람 인

사람이(人) 쟁기로(Ｌ) 밭을 갈며 써 나간다.

丶　乚　乚　以　以

以上 - 이상 (윗 상)
以下 - 이하 (아래 하)

440 耳

귀 **이** 　　［耳 6획］

目 - 耳 (귀바퀴), 二 (고막)

귀바퀴(耳)와 고막을(二) 나타내 어 귀의 모양을 본뜬 자.

丆　丅　丅　耳　耳

耳目口鼻 - 이목구비
(눈 목, 입 구, 코 비)

1　배정한자 436~440

院	偉	位	以	耳
집 원	클 위	자리 위	써 이	귀 이

2　훈음과 한자를 쓰시오.

보기

價格	→	價格			定價	→	定價
가 격 / 격식 격		가 격 / 값 가, 격식 격		정 가 / 정할 정	정 가 / 정할 정, 값 가		

病院　병원 / 병 병

院長　원장 / 긴·어른 장

偉人　위인 / 클 위

偉大　위대 / 큰 대

位置　위치 / 자리 위

位相　위상 / 서로 상

以上　이상 / 써 이

以下　이하 / 아래 하

耳目　이목 / 귀 이

口鼻　구비 / 입 구

병원　집 원

원장　집 원

위인　사람 인

위대　클 위

위치　둘 치

위상　자리 위

이상　윗 상

이하　써 이

이목　눈 목

구비　코 비

memo

3 ( ) 안에 훈음을 쓰시오.

보기

(값 가) (격식 격)
물건에 값을 매긴 것 價 格 定 價 (정할 정) (값 가)
일정한 금액으로 정한 가격

( ) ( )
병을 고치는 집
병원에 환자 病 院 院 長 병원의 의사 원장
( ) ( )

( ) ( )
위대한 사람, 위인전 偉 人 偉 大 크고 장대한 위대한 업적
( ) ( )

( ) ( )
처해 있는 자리
위치 감각 位 置 位 相 서로 서 있는 자리
위상이 높아진다.
( ) ( )

( ) ( )
기준의 위
90점 이상은 상위권 以 上 以 下 기준의 아래
이상도 이하도 아니다.
( ) ( )

( ) ( )
귀와 눈 耳 目 口 鼻 입과 코
이목구비를 갖추다.
( ) ( )

4 독음과 한자를 쓰시오.

病院	偉人	位置	以上	耳目
원 장	위 대	위 상	이 하	구 비

5 한자를 쓰시오.

436 院
집 원

437 偉
클 위

438 位
자리 위

439 以
써 이

440 耳
귀 이

5급 배정한자 441~445 자원 풀이

441 因	인할 **인**　　[口6획] 口(담), 大(사람)	사람이(大) 담을(口) 치고 삶으로 인하여 편안하다.
	冂　冂　开　因　因	原因 – 원인 (근원 원) 因子 – 인자 (아들 자)

442 任	맡길 **임**　　[人6획] 人:사람 인, 壬:짊어질 임	사람이(亻) 짐을 짊어지듯이(壬) 책임을 맡긴다.
	亻　亻　仁　仟　任	任命 – 임명 (목숨 명) 任官 – 임관 (벼슬 관)

443 財	재물 **재**　　[貝10획] 貝:조개 패, 才:바탕 재	생활을 하는 데 바탕이 되는(才) 재물이(貝) 보배다.
	冂　月　貝　財　財	財物 – 재물 (물건 물) 財産 – 재산 (낳을 산)

444 材	재목 **재**　　[木7획] 木:나무 목, 才:바탕 재	집을 짓는 데 바탕이(才) 되는 나무를(木) 재목이라 한다.
	十　木　札　材　材	材木 – 재목 (나무 목) 材質 – 재질 (바탕 질)

445 災	재앙 **재**　　[火7획] 巛-川, 火:불 화	수재(巛)와 화재(火)로 인한 재앙.
	巜　巜　巛　災　災	災殃 – 재앙 (재앙 앙) 災難 – 재난 (어려울 난)

1 배정한자 441~445

因 任 財 材 災

인할 인　맡길 임　재물 재　재목 재　재앙 재

2 훈음과 한자를 쓰시오.

보기

價格　價格　　定價
가격　격식 격　가격　값 가／격식 격　정가／정할 정　정가／정할 정／값 가

原因　因子　任命　任官
원인／인할 인　인자／아들 자　임명／맡길 임　임관／벼슬 관

財物　財産　材木　材質
재물／재물 재　재산／낳을 산　재목／재목 재　자질／바탕 질

災殃　災難
재앙／재앙 재　재난／어려울 난　원인／근원 원　인자／인할 인

임명／목숨 명　임관／맡길 임　재물／물건 물　재산／재물 재

재목／나무 목　재질／재목 재　재앙／재앙 앙　재난／재앙 재

memo

3 ( ) 안에 훈음을 쓰시오.

보기

(값   가) (격식 격)
물건에 값을 매긴 것 | 價 | 格 | | 定 | 價 | (정할 정) (값   가)
일정한 금액으로 정한 가격

(   )(   )
사건의 이유, 화재의 원인 | 原 | 因 | | 因 | 子 | 원인이 된 씨, 구성단위
(   )(   )

(   )(   )
직위를 맡겨 임함.
반장의 임명제 | 任 | 命 | | 任 | 官 | 벼슬에 올라 명을 받음.
소위 임관식
(   )(   )

(   )(   )
재산이 되는 물건
재물에 탐욕 | 財 | 物 | | 財 | 産 | 돈의 가치가 있는 재물
(   )(   )

(   )(   )
목재로 쓰일 나무 | 材 | 木 | | 材 | 質 | 목재의 질
재질에 따라 값의 차이
(   )(   )

(   )(   )
화재, 수재로 받은 재앙 | 災 | 殃 | | 災 | 難 | 재앙으로 어려움을 당함.
(   )(   )

4 독음과 한자를 쓰시오.

原因	任命	財物	材木	災殃
인 자	임 관	재 산	재 질	재 난

5 한자를 쓰시오.

441	因	인할 (인)
442	任	맡길 (임)
443	財	재물 (재)
444	材	재목 (재)
445	災	재앙 (재)

memo

5급 배정한자 446 ~ 450 자원 풀이

446 再

두 **재** 〔冂6획〕

一과 冉 (再)

쌓은(冉) 위에 더(一) 쌓는 데서 '거듭' 두 번이 되다.

一 丆 冃 再 再

再修 – 재수 (닦을 수)
再生 – 재생 (날 생)

447 爭

다툴 **쟁** 〔爪8획〕

爪 : 손톱, 彐 (손)

서로 손과(彐) 손으로(爪) 끌어 당기며(亅) 다툰다.

⺈ ⺈ 爭 爭 爭

爭議 – 쟁의 (의논할 의)
爭取 – 쟁취 (가질 취)

448 貯

쌓을 **저** 〔貝12획〕

貝 : 조개 패, 宁 : 쌓을 저

재물을(貝) 집 안에 멈추어(宁) 둔다 하여 쌓다.

目 貝 貯 貯 貯

貯蓄 – 저축 (쌓을 축)
貯金 – 저금 (쇠 금)

449 的

과녁 **적** 〔白8획〕

白 : 흰 백, 勺 : 작을 작

흰(白) 동그라미(勺)를 가리켜 (一) 과녁 목표점이다.

丿 白 白 的 的

的中 – 적중 (가운데 중)
目的 – 목적 (눈 목)

450 赤

붉을 **적** 〔赤7획〕

土 - 大, 小 - 火

큰(土) 불(火)이 타오르는 데서 빛깔이 붉게 된다.

十 土 圡 亦 赤

赤字 – 적자 (글자 자)
赤色 – 적색 (빛 색)

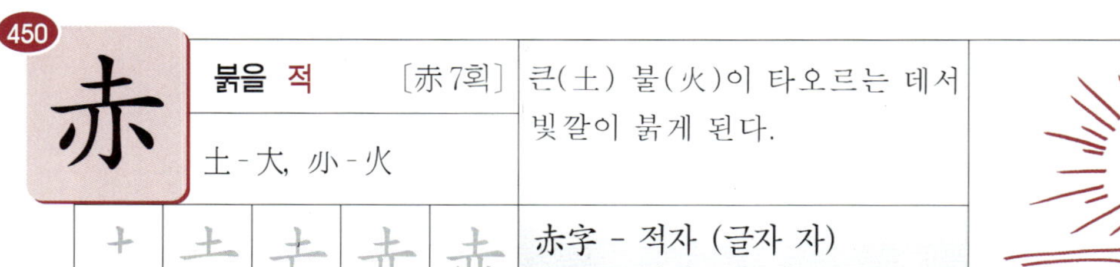

1 배정한자 446~450

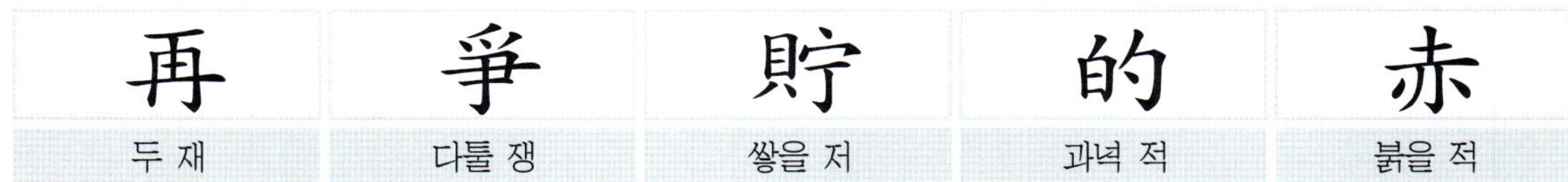

2 훈음과 한자를 쓰시오.

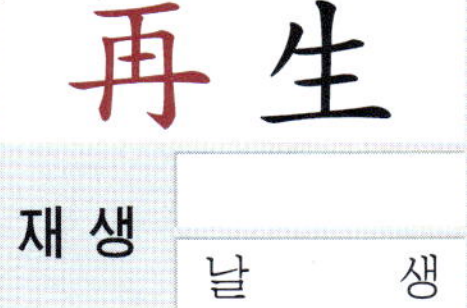

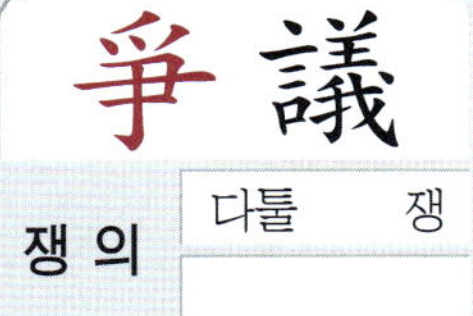

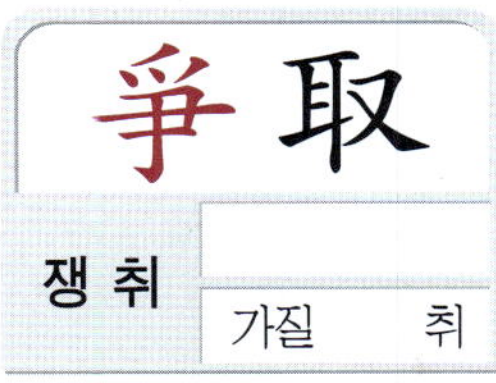

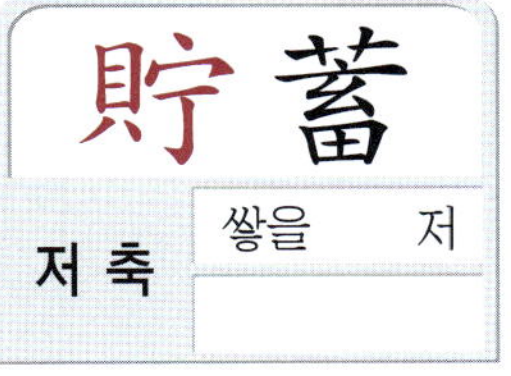

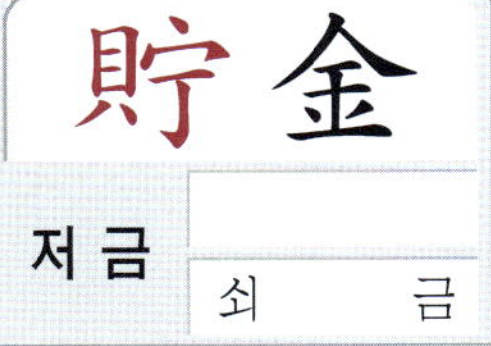

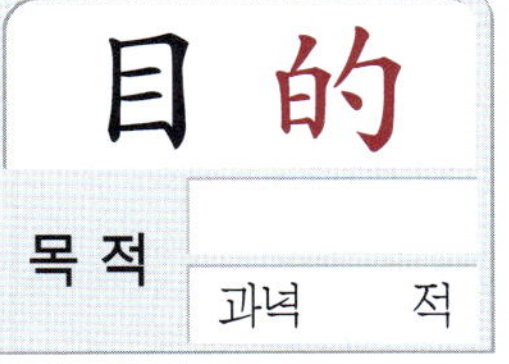

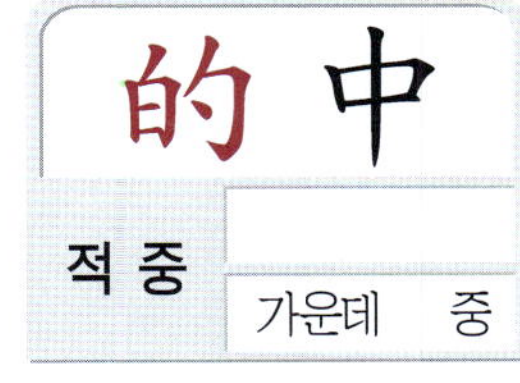

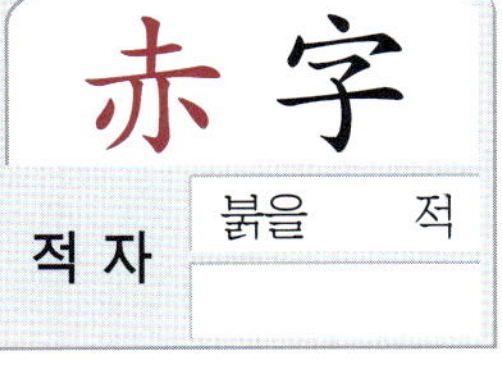

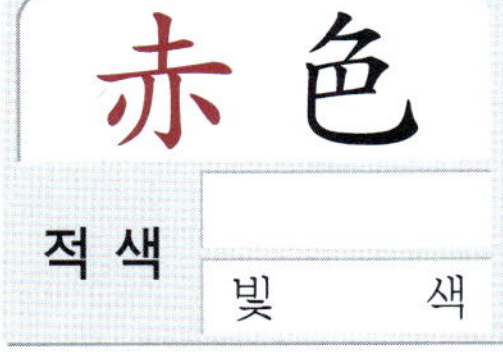

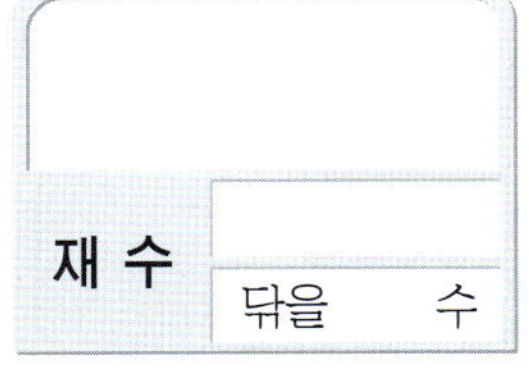

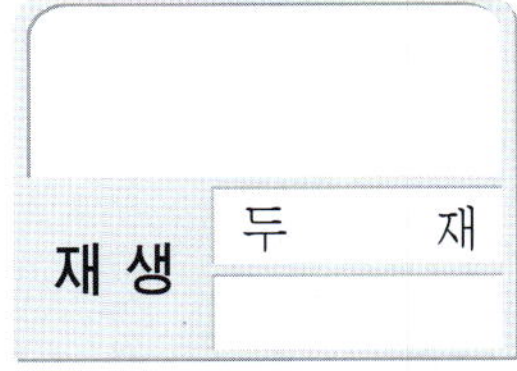

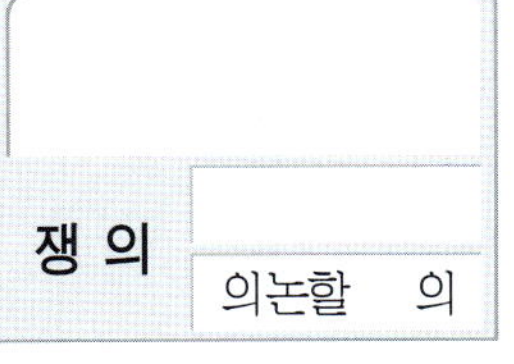

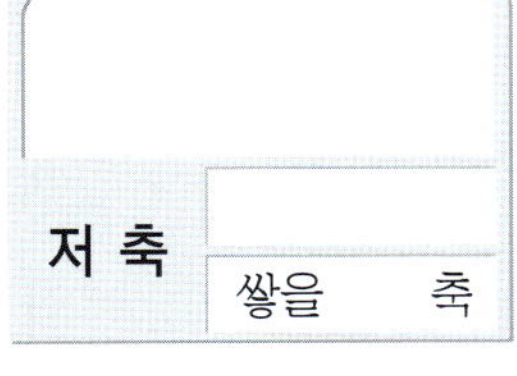

memo

3 ( ) 안에 훈음을 쓰시오.

보기

(값 가) (격식 격) 價 格   定 價 (정할 정) (값 가)
물건에 값을 매긴 것   일정한 금액으로 정한 가격

(   )(   )
다시 수련함.   再 修
대입 재수생

再 生   다시 살아나는 것.
고무 재생 공장
(   )(   )

(   )(   )
의안을 집단으로 항의   爭 議
노동쟁의

爭 取   다투어 취득하는 것.
임금쟁취
(   )(   )

(   )(   )
저금을 쌓아감.   貯 蓄
저축장려

貯 金   돈을 은행에 보관하는
것. 장기 저금
(   )(   )

(   )(   )
목표점에 들어 맞는 것.   的 中
화살이 과녁에 적중

目 的   목표로 삼는 수단
목적 달성
(   )(   )

(   )(   )
붉은 글자는 무역의 흑자   赤 字
반대로 쓰임.

赤 色   붉은 색
(   )(   )

4 독음과 한자를 쓰시오.

再 修	爭 議	貯 蓄	的 中	赤 字
재 생	쟁 취	저 금	목 적	적 색

5 한자를 쓰시오.

446 再 두 재

447 爭 다툴 쟁

448 貯 쌓을 저

449 的 과녁 적

450 赤 붉을 적

5급 배정한자 451 ~ 455 자원 풀이

451

典

법 전　〔八 8획〕

冊 : 책 책, 兲 - 丌

책상 위에(兲 - 책상 기) 책(冊)을 뜻하여 법전이 꽂히다.

冂　冃　曲　曲　典

辭典 - 사전 (말씀 사)
法典 - 법전 (법 법)

452

傳

전할 전　〔人 13획〕

亻- 人, 專 : 오로지 전

역마를 탄 사람이(亻) 오로지 달려(專) 소식을 전하다.

亻　伫　伸　俥　傳

傳達 - 전달 (통달할 달)
傳説 - 전설 (말씀 설)

453

展

펼 전　〔尸 10획〕

尸 (넓적한 판), 㲸 (비단옷)

넓은 판(尸) 위에 비단옷(氏 - 衣)을 펼쳐(㐄) 놓다.

コ　尸　屛　屛　展

展示 - 전시 (보일 시)
展開 - 전개 (열 개)

454

節

마디 절　〔竹 15획〕

竹 : 대 죽, 卽 : 즉시 즉

대나무가(竹) 즉시 사람에(卽) 마디가 생긴다.

竺　笘　筲　筲　節

節約 - 절약 (맺을 약)
節電 - 절전 (번개 전)

455

切

끊을 절　〔刀 4획〕

七 : 일곱 칠, 刀 : 칼 도

칼질을(刀) 여러 번(七)하여 잘라 끊는다.

一　七　切　切　切

一切 - 일체 (온통 체)
切斷 - 절단 (끊을 단)

1 배정한자 451~455

典	傳	展	節	切
법 전	전할 전	펼 전	마디 절	끊을 절

2 훈음과 한자를 쓰시오.

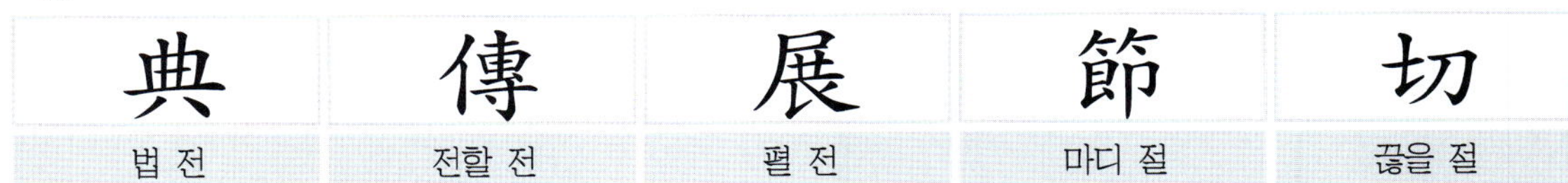

보기

價格 / 가격 / 격식 격 → 價格 / 가격 / 값 가, 격식 격

정 가 / 정할 정 → 定價 / 정 가 / 정할 정, 값 가

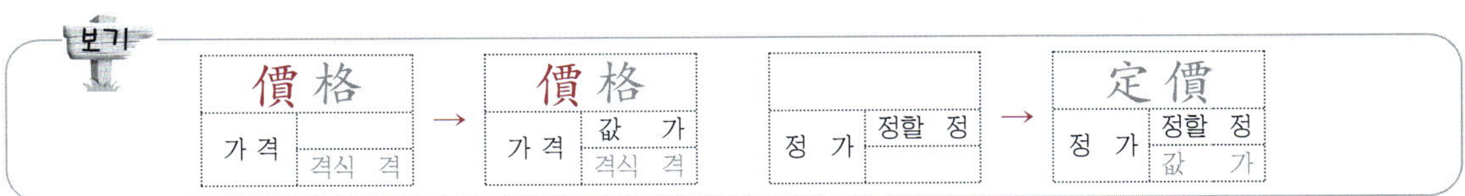

辭典 / 사 전 / 법 전

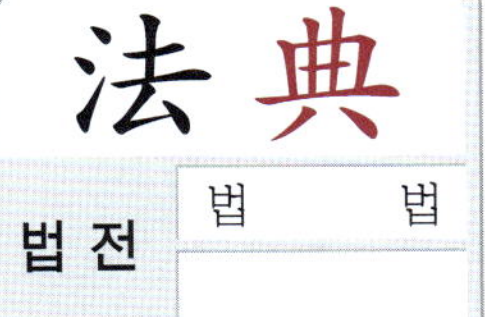

法典 / 법전 / 법 법

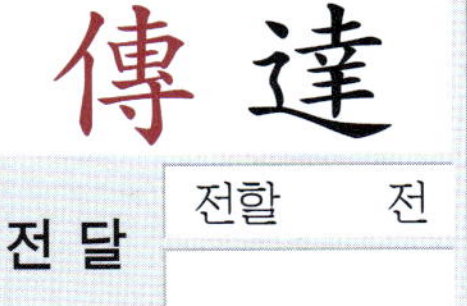

傳達 / 전 달 / 전할 전

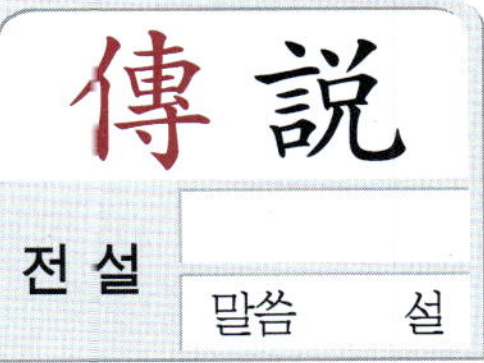

傳説 / 전 설 / 말씀 설

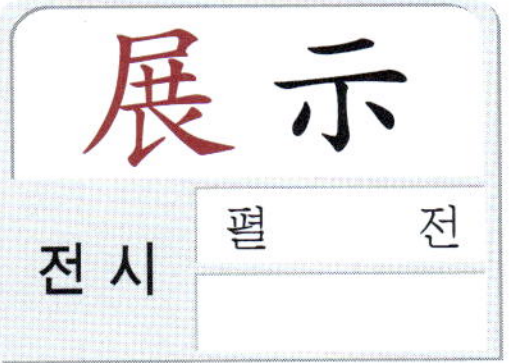

展示 / 전 시 / 펼 전

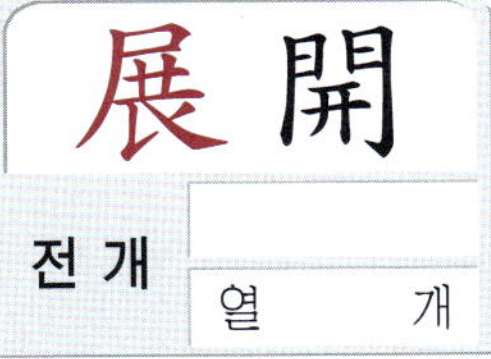

展開 / 전 개 / 열 개

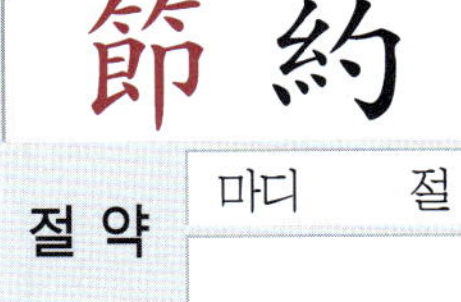

節約 / 절 약 / 마디 절

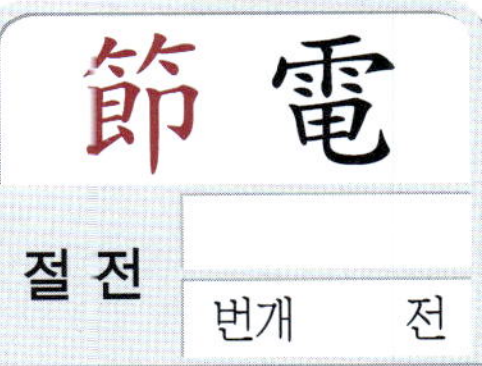

節電 / 절 전 / 번개 전

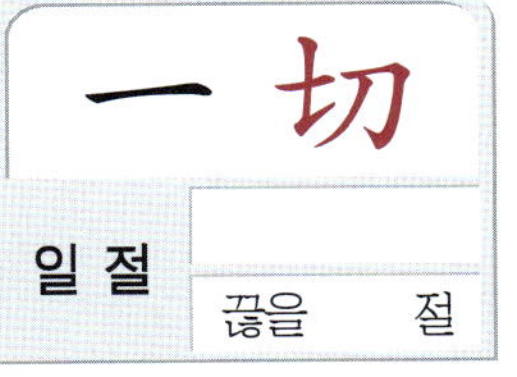

一切 / 일 절 / 끊을 절

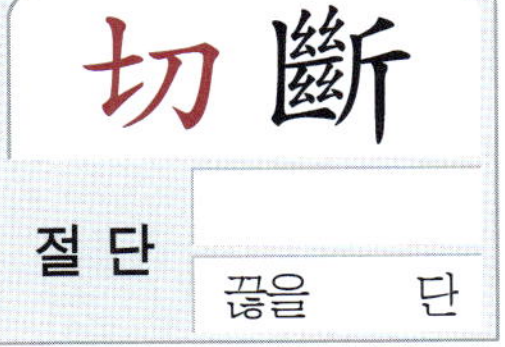

切斷 / 절 단 / 끊을 단

사 전 / 말씀 사

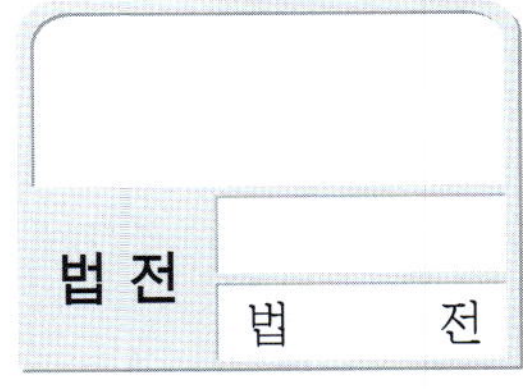

법 전 / 법 전

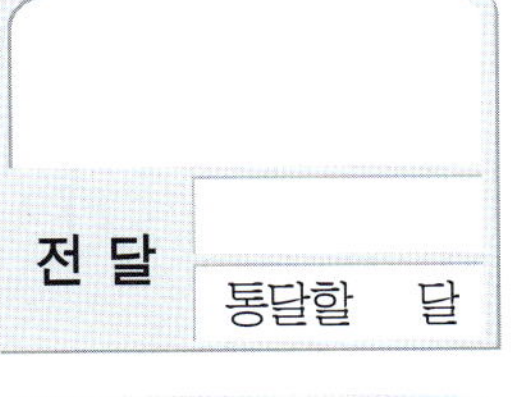

전 달 / 통달할 달

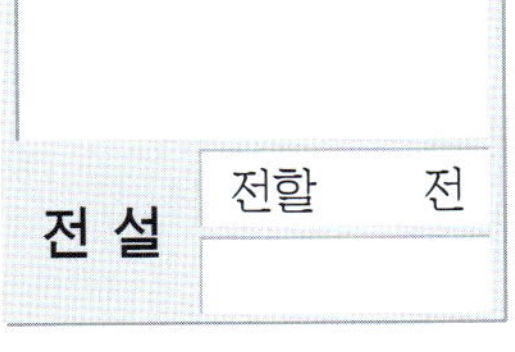

전 설 / 전할 전

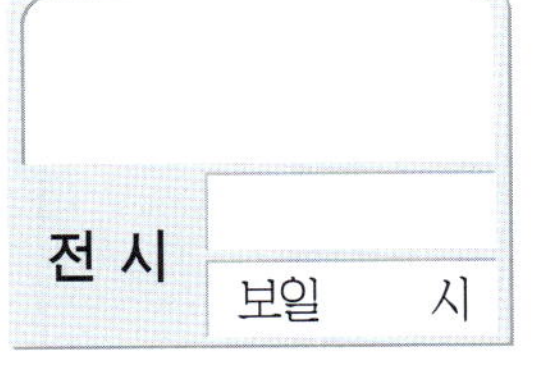

전 시 / 보일 시

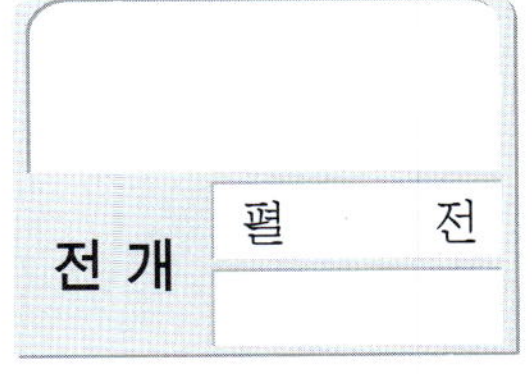

전 개 / 펼 전

전 달 / 절 약 / 맺을 약

절 전 / 마디 절

일 절 / 한 일

절 단 / 끊을 절

memo

3 ( )안에 훈음을 쓰시오.

보기

(값 가) (격식 격)
물건에 값을 매긴 것 價 格   定 價 (정할 정) (값 가)
일정한 금액으로 정한 가격

(   )(   )
말이나 법규의 찾아보기
사전, 영어사전 辭 典   法 典 법규를 찾는 사전
(   )(   )

(   )(   )
상대방에게 전함.
소식의 전달 傳 達   傳 說 전해오는 이야기
(   )(   )

(   )(   )
펼쳐서 여러 사람에게
보임. 도서 전시회 展 示   展 開 펼쳐 열어 놓음.
(   )(   )

(   )(   )
아껴서 씀, 전기 절약 節 約   節 電 전기를 아끼는 것.
절전, 절수
(   )(   )

(   )(   )
온통 하나로 취급 一 切   切 斷 끊어서 둘로 가름.
선을 절단하다.
(   )(   )

4 독음과 한자를 쓰시오.

辭 典	傳 達	展 示	節 約	一 切
법 전	전 설	전 개	절 전	절 단

5 한자를 쓰시오.

451 典						
법 전	典					
	典					

452 傳						
전할 전	傳					
	傳					

453 展						
펼 전	展					
	展					

454 節						
마디 절	節					
	節					

455 切						
끊을 절	切					
	切					

5급 배정한자 456 ~ 460 자원 풀이

456 店

가게 점 〔广 8획〕

广 : 집 엄, 占 : 차지할 점

집(广) 한쪽을 터 상품을 차려 놓은(占) 가게.

广 广 广 庐 店

店房 – 점방 (방 방)
店鋪 – 점포 (가게 포)

457 情

뜻 정 〔心 11획〕

忄–心, 靑 : 푸를 청

마음속에서(忄) 우러나는 맑고 깨끗한(靑) 사랑의 정.

忄 忄 忄 情 情

情感 – 정감 (느낄 감)
情談 – 정담 (말씀 담)

458 停

머무를 정 〔人 11획〕

亻–人, 亭 : 정자 정

길 가던 사람이(亻) 정자각(亭)에 머물러 쉬어가다.

亻 亻 停 停 停

停車 – 정차 (수레 차)
停電 – 정전 (번개 전)

459 調

고를 조 〔言 15획〕

言 : 말씀 언, 周 : 두루 주

말을(言) 두루(周) 어울리게 조화하여 고르다.

言 訓 調 調 調

調節 – 조절 (마디 절)
調和 – 조화 (화할 화)

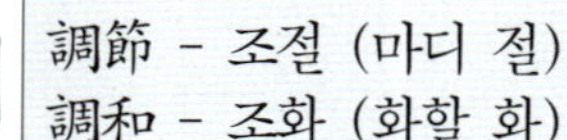

460 操

잡을 조 〔手 16획〕

扌–手, 喿 : 떠들썩할 소

떠들썩한(喿) 마음을 잡아(扌) 지조를 지킨다.

扌 扌 护 掃 操

操心 – 조심 (마음 심)
操作 – 조작 (지을 작)

memo

1 배정한자 456~460

店	情	停	調	操
가게 점	뜻 정	머무를 정	고를 조	잡을 조

2 훈음과 한자를 쓰시오.

보기

價格 → 價格 · 정가 정할 정 → 定價
가격 격식 격 / 가격 값 가 / 정가 정할 정 / 정가 정할 정 값 가

店房 — 점방 · 가게 점
店鋪 — 점포 · 가게 포
情感 — 정감 · 뜻 정
情談 — 정담 · 말씀 담

停車 — 정차 · 머무를 정
停電 — 정전 · 번개 전
調節 — 조절 · 고를 조
調和 — 조화 · 화할 화

操心 — 조심 · 잡을 조
操作 — 조작 · 지을 작
점방 · 방 방
점포 · 가게 점

정감 · 느낄 감
정담 · 뜻 정
정차 · 수레 차
정전 · 머무를 정

조절 · 마디 절
조화 · 고를 조
조심 · 마음 심
조작 · 잡을 조

memo

3 ( ) 안에 훈음을 쓰시오.

보기

(값 가) (격식 격)
물건에 값을 매긴 것 價 格 定 價 (정할 정) (값 가)
일정한 금액으로 정한 가격

(   )(   )
집의 한쪽에 낸 가게 店 房 店 鋪 집에 낸 점방
시계 점포
(   )(   )

(   )(   )
정이 느껴지는 감정 情 感 情 談 정이 통하는 말씀
(   )(   )

(   )(   )
차가 멈춰 서다. 停 車 停 電 전기가 끊어지는 것.
정전으로 암흑이 되다.
(   )(   )

(   )(   )
고르게 움직여 속도를
조절하다. 調 節 調 和 어울려 화하게 함.
색을 조화시키다.
(   )(   )

(   )(   )
마음을 다잡아 조심하다.
개조심 操 心 操 作 손으로 움직여 작동시킴.
기계를 조작하다.
(   )(   )

4 독음과 한자를 쓰시오.

店房	情感	停車	調節	操心
점 포	정 답	정 전	조 화	조 작

5 한자를 쓰시오.

5급 배정한자 461~465 자원 풀이

461

卒

마칠 졸, 군사 졸 〔十 8획〕

卆 - 衣 - 十 : 열 십

亠	亣	夻	卆	卒

같은 옷을 입은(卆) 여러 명의 (十) 병졸이 최후를 마치다.

卒兵 - 졸병 (병사 병)
卒業 - 졸업 (업 업)

462

種

씨 종 〔禾 14획〕

禾 : 벼 화, 重 : 무거울 중

二	彳	利	秤	種

볍씨(禾)를 고르는데 무거운(重) 것을 씨로 삼는다.

種子 - 종자 (아들 자)
種苗 - 종묘 (싹 묘)

463

終

마칠 종 〔糸 11획〕

糸 : 실 사, 冬 : 겨울 동

糸	紒	終	終	終

실의(糸) 끝을 얼어붙은(冬) 듯이 매듭을 지어 마치다.

終了 - 종료 (마칠 료)
終結 - 종결 (맺을 결)

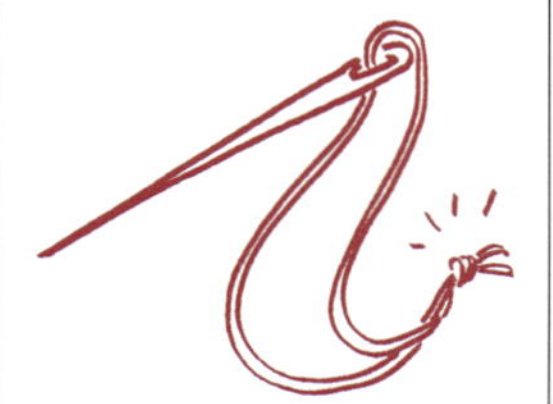

464

罪

허물 죄 〔罒 13획〕

罒 (그물), 非 : 아닐 비

口	四	罪	罪	罪

고기나 새가(非 - 날개) 그물에(罒) 걸리듯 사람의 비행이(非) 법망 (罒)에 걸림.

罪罰 - 죄벌 (벌할 벌)
罪惡 - 죄악 (악할 악)

465

週

주일 주 〔辶 12획〕

辶 - 辶, 周 : 둘레 주

冂	用	用	周	週

둘레(周) 한 바퀴 돌아가는(辶) 주기를 주일로 삼다.

週刊 - 주간 (새길 간)
週末 - 주말 (끝 말)

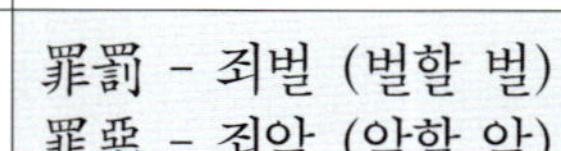

1 배정한자 461~465

卒	種	終	罪	週
마칠 졸	씨 종	마칠 종	허물 죄	주일 주

2 훈음과 한자를 쓰시오.

보기

價格 / 가격 / 격식 격 → 價格 / 가격 / 값 가 · 격식 격
정 가 / 정할 정 → 定價 / 정 가 / 정할 정 · 값 가

卒兵 졸병	군사 졸	卒業 졸업		種子 종자	씨 종	種苗 종묘	
			업 업				싹 묘

終了 종료	마칠 종	終結 종결		罪罰 죄벌	허물 죄	罪惡 죄악	
			맺을 결				악할 악

週刊 주간	주일 주	週末 주말		졸병	병사 병	졸업	마칠 졸
			끝 말				

종자	아들 자	종묘	씨 종	종료	마칠 료	증결	마칠 종

죄벌	벌할 벌	죄악	허물 죄	주간	새길 간	주말	주일 주

3 ( ) 안에 훈음을 쓰시오.

보기

| (값 가) (격식 격) 물건에 값을 매긴 것 | 價 格 | 定 價 | (정할 정) (값 가) 일정한 금액으로 정한 가격 |

( )( ) 일반 군사 — 卒 兵

卒 業 — 업을 마치는 것. 졸업식 ( )( )

( )( ) 씨앗을 할 어미 종자 — 種 子

種 苗 — 종자가 되는 싹 ( )( )

( )( ) 일을 마치는 일 — 終 了

終 結 — 마지막 결론 ( )( )

( )( ) 죄와 벌 — 罪 罰

罪 惡 — 악한 죄를 뜻함. ( )( )

( )( ) 주에 발간되는 간행물 — 週 刊

週 末 — 주의 마지막 토요일, 일요일을 뜻함. ( )( )

4 독음과 한자를 쓰시오.

卒兵	種子	終了	罪罰	週刊
졸 업	종 묘	종 결	죄 악	주 말

5 한자를 쓰시오.

memo

5급 배정한자 466 ~ 470 자원 풀이

466 州

고을 주 〔巛 6획〕

川：내 천, 巛 (모래)

흐르는 내(川) 가운데 모래가(巛) 쌓여 고을이 되다.

丿 丿 州 州 州

濟州 - 제주 (건널 제)
光州 - 광주 (빛 광)

467 知

알 지 〔矢 8획〕

口 (말), 矢：화살 시

사람의 말을(口) 화살같이(矢) 빠르게 알아듣다.

亻 乍 矢 知 知

知識 - 지식 (알 식)
知性 - 지성 (성품 성)

468 止

그칠 지 〔止 4획〕

上：윗 상, 丄 (땅)

땅(一) 위에(上) 사람이 (丿) 그치어 서다.

丨 丨 丄 止 止

禁止 - 금지 (금할 금)
沮止 - 저지 (막을 저)

469 質

바탕 질 〔貝 15획〕

斦：모탕 은, 貝：조개 패

물건을(貝) 쌓을 때 밑에 받치는 모탕(斦)이 바탕이 되다.

厂 斤 斦 質 質

品質 - 품질 (물건 품)
質問 - 질문 (물을 문)

470 着

붙을 착 〔目 12획〕

羊 (양), 目：눈 목

양(羊)이 떼지어 다닐 때 옆에 (丿) 있는 놈과 눈이(目) 가까이 붙어 있다.

丷 羊 羊 着 着

着陸 - 착륙 (뭍 륙)
着地 - 착지 (땅 지)

1 배정한자 466~470

州	知	止	質	着
고을 주	알 지	그칠 지	바탕 질	붙을 착

2 훈음과 한자를 쓰시오.

보기

價格 / 가격 / 격식 격 → 價格 / 가격 / 격식 격 / 값 가

정가 / 정할 정 → 定價 / 정가 / 정할 정 / 값 가

濟州 / 제 주 / 고을 주

光州 / 광 주 / 빛 광

知識 / 지 식 / 알 지

知性 / 지 성 / 성품 성

禁止 / 금 지 / 그칠 지

沮止 / 저 지 / 막을 저

品質 / 품 질 / 바탕 질

質問 / 질 문 / 물을 문

着陸 / 착 륙 / 붙을 착

着地 / 착 지 / 땅 지

제 주 / 건널 제

광 주 / 고을 주

지 식 / 알 식

지 성 / 알 지

금 지 / 금할 금

저 지 / 그칠 지

품 질 / 물건 품

질 문 / 바탕 질

착 륙 / 뭍 륙

착 지 / 붙을 착

3 ( ) 안에 훈음을 쓰시오.

보기

(값 가) (격식 격) | 價 格 | 定 價 | (정할 정) (값 가)
물건에 값을 매긴 것   일정한 금액으로 정한 가격

(   )(   )
남쪽 섬. 제주도

濟 州   光 州

광주 광역시
5.18 민주항거
(   )(   )

(   )(   )
아는 상식. 지식기반

知 識   知 性

지식과 성품
(   )(   )

(   )(   )
금하여 그침.

禁 止   沮 止

막아서 그치게 하겠습니다.
(   )(   )

(   )(   )
상품의 바탕질
품질 품평회

品 質   質 問

원인을 묻는 것.
(   )(   )

(   )(   )
땅에 닿는 것.

着 陸   着 地

땅에 발의 착지자세
(   )(   )

4 독음과 한자를 쓰시오.

濟 州	知 識	禁 止	品 質	着 陸
광 주	지 성	저 지	질 문	착 지

5 한자를 쓰시오.

memo

466 州	고을 주
467 知	알 지
468 止	그칠 지
469 質	바탕 질
470 着	붙을 착

5급 배정한자 471 ~ 475 자원 풀이

471

參

참여할 **참**　　〔厶 13획〕

厸 : 별 셋, 彡 (검은머리)

厸	厸	厸	厸	參

머리 위(彡) 창공에 오리온 별이 (厸) 같이 참여하다.

參加 - 참가 (더할 가)
參與 - 참여 (더불 여)

472

唱

부를 **창**　　〔口 11획〕

口 (입의 소리), 昌 : 창성할 창

口	口	口	唱	唱

풍성한 소리로(昌) 노래 부른다 (口).

唱歌 - 창가 (노래 가)
唱法 - 창법 (법 법)

473

責

꾸짖을 **책**　　〔貝 11획〕

主 - 束 : 가시 차, 貝 (돈)

一	十	主	責	責

가시로 찌르듯(主) 꾼돈(貝)을 갚으라 꾸짖는다.

問責 - 문책 (물을 문)
罪責 - 죄책 (허물 죄)

474

鐵

쇠 **철**　　〔金 21획〕

金 : 쇠 금, 戈 : 마를 재

金	金	鐵	鐵	鐵

잘라 마른(戈) 부위의 녹이 빨리 나타나는(呈) 쇠(金).
(呈 : 나타날 정)

鐵骨 - 철골 (뼈 골)
鐵筋 - 철근 (힘줄 근)

475

初

처음 **초**　　〔刀 7획〕

衤 - 衣, 刀 : 칼 도

冫	衤	衤	初	初

옷을(衤) 처음 마를 때 칼이나 가위로(刀) 자른다.

初級 - 초급 (등급 급)
初任 - 초임 (맡길 임)

1　배정한자 471~475

memo

2　훈음과 한자를 쓰시오.

memo

3 ( ) 안에 훈음을 쓰시오.

보기

(값 가) (격식 격)
물건에 값을 매긴 것 　價格　定價　(정할 정) (값 가)
일정한 금액으로 정한 가격

( )( )
더불어 참여하다.
박람회에 참가
參加

參與
더불어 끼여들다.
아시안 게임 참여
( )( )

( )( )
창법으로 노래함.
민요의 창법
唱歌

唱法
노래부르는 소리 기법
( )( )

( )( )
꾸짖어 물음.
잘못을 문책하다.
問責

罪責
죄에 대하여 자책감을 느끼다.
( )( )

( )( )
철로 이룬 골격
건물의 철골
鐵骨

鐵筋
철근으로 구조물을 짜다.
( )( )

( )( )
초보의 처음 급수
주산 초급
初級

初任
처음 맡겨진 임무
( )( )

4 독음과 한자를 쓰시오.

參加	唱歌	問責	鐵骨	初級
참　여	창　법	죄　책	철　근	초　임

5 한자를 쓰시오.

memo

5급 배정한자 476 ~ 480 자원 풀이

476 最

가장 **최** 〔日 12획〕

日 : 무릅쓸 모, 取 : 가질 취

전쟁시 상대방의 목을 베어 귀를 가지려고(取) 죽음을 무릅쓰고(日) 가장 최고의 임무 수행.

口 旦 昮 最 最

最高 – 최고 (높을 고)
最低 – 최저 (낮을 저)

477 祝

빌 **축** 〔示 10획〕

示(제단), 儿 - 人, 口(말)

제단에(示) 사람이(儿) 축문을 읽으며(口) 빈다.

亠 示 礽 祝 祝

祝賀 – 축하 (하례 하)
祝福 – 축복 (복 복)

478 充

채울 **충** 〔儿 5획〕

云 (어린아이), 儿 (걷는다)

어린아이가(云) 걸을 수 있도록 (儿) 사람이 채워지다.

亠 云 云 充 充

充滿 – 충만 (찰 만)
充足 – 충족 (발 족)

479 致

이를 **치** 〔至 10획〕

至 : 이를 지, 夂 - 攴

사람이 일정한 곳에 이르도록(至) 매로 친다(攴).

至 至 致 致 致

致誠 – 치성 (정성 성)
致賀 – 치하 (하례 하)

480 則

법칙 **칙** 〔刀 9획〕

貝 : 조개 패, 刂 : 칼 도

조개를(貝) 칼로(刂) 공평하게 가르는 법칙.

冂 目 貝 貝 則

法則 – 법칙 (법 법)
規則 – 규칙 (법 규)

1 배정한자 476~480

最	祝	充	致	則
가장 최	빌 축	채울 충	이를 치	법칙 칙

2 훈음과 한자를 쓰시오.

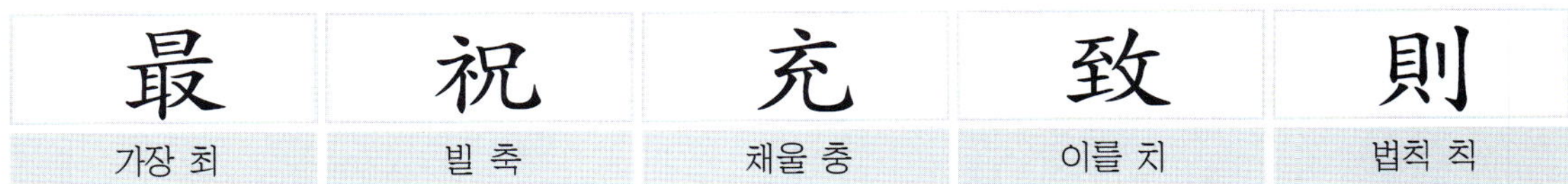

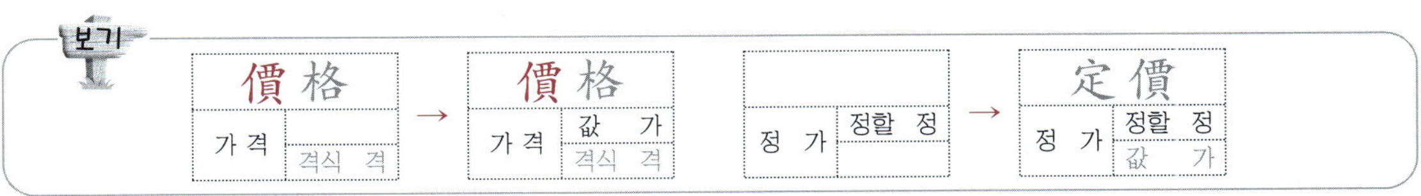

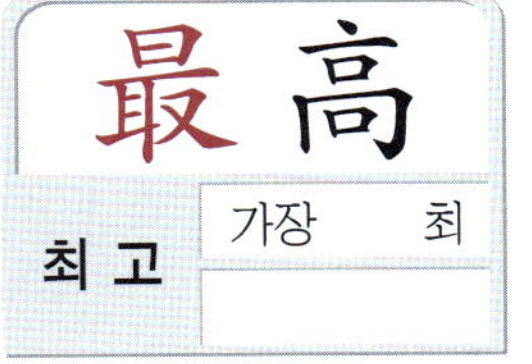
最高 최고 가장 최

最低 최저 낮을 저

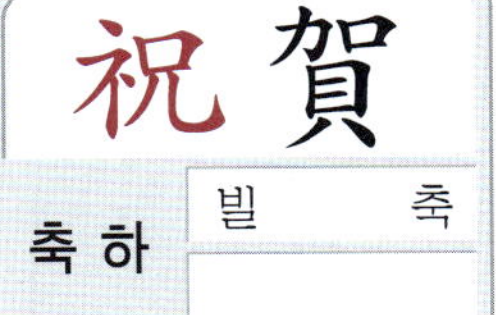
祝賀 축하 빌 축

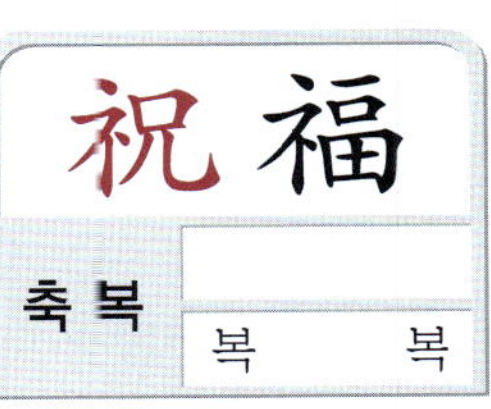
祝福 축복 복 복

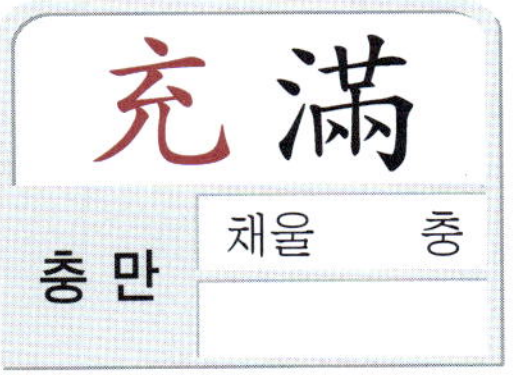
充滿 충만 채울 충

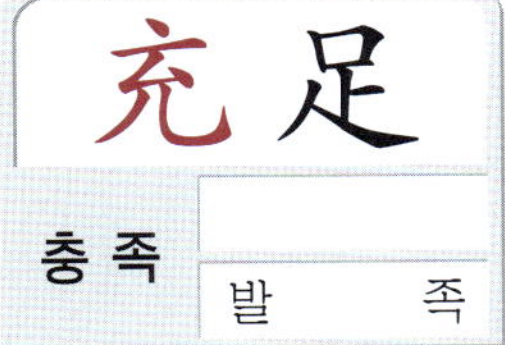
充足 충족 발 족

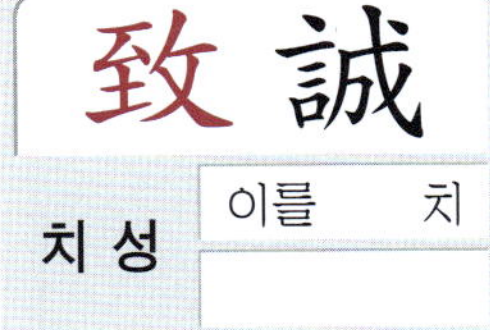
致誠 치성 이를 치

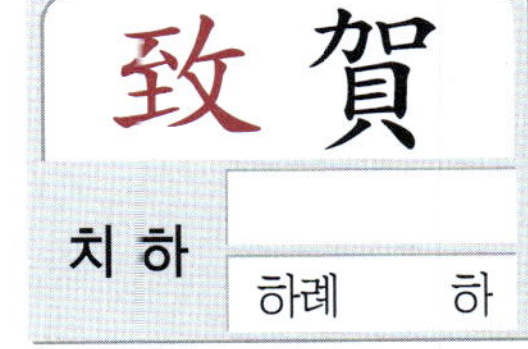
致賀 치하 하례 하

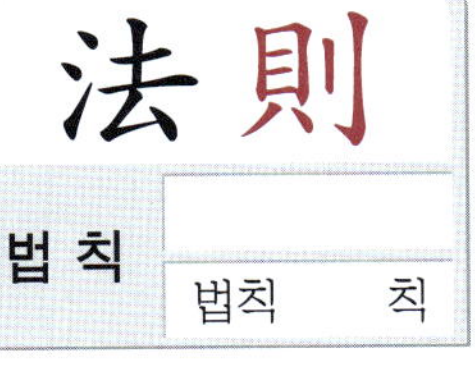
法則 법칙 법칙 칙

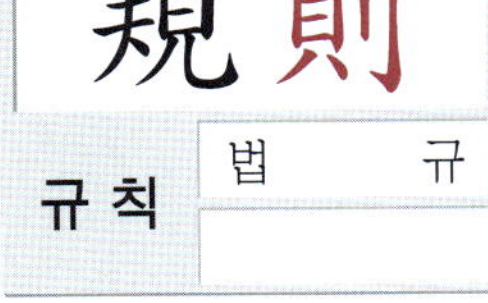
規則 규칙 법 규

최고 높을 고

최저 가장 최

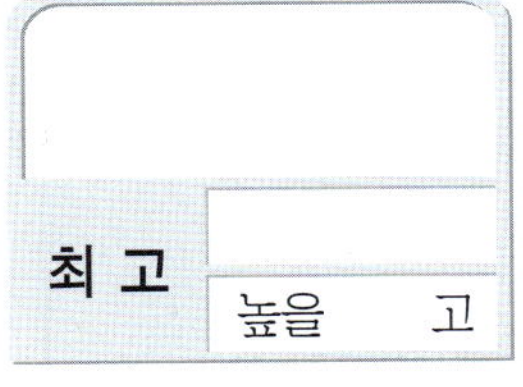
축하 하례 하

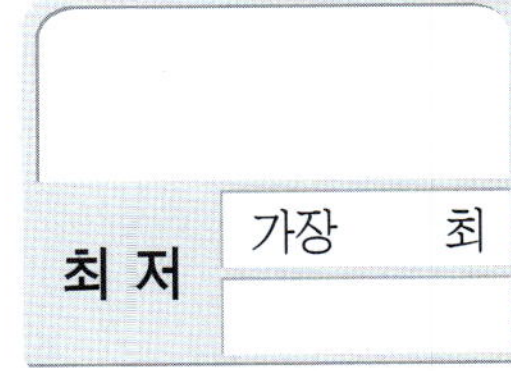
축복 빌 축

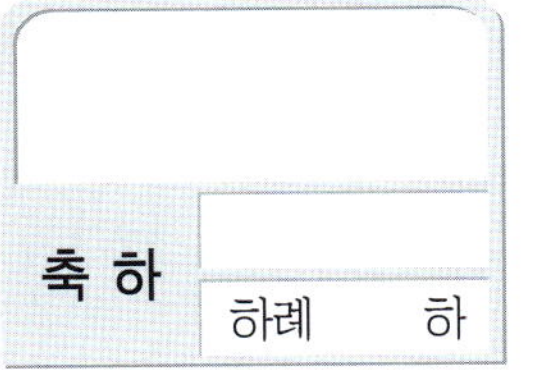
충만 찰 만

채울 충

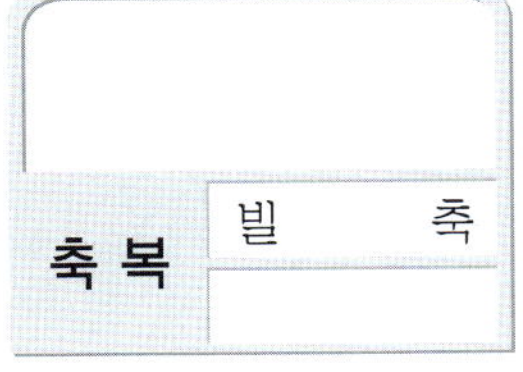
충족 채울 충

치성 정성 성

치하 이를 치

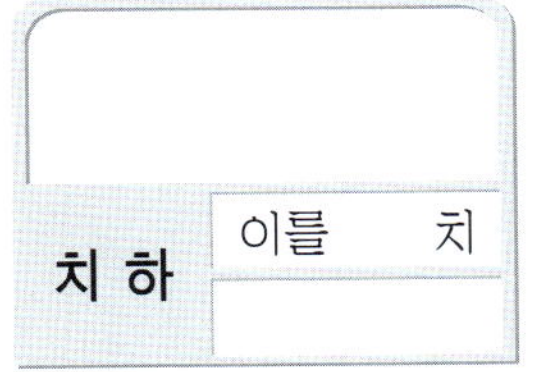
법칙 법 법

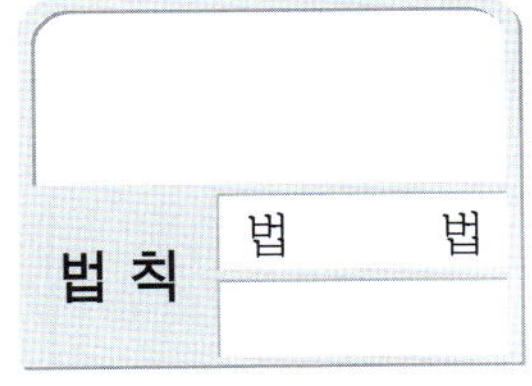
규칙 법칙 칙

memo

3 (   ) 안에 훈음을 쓰시오.

보기

(값 가) (격식 격)
물건에 값을 매긴 것 價 格 定 價 (정할 정) (값 가)
일정한 금액으로 정한 가격

(   )(   )
가장 높은 경우
최고 기록 最 高 最 低 가장 낮은 경우
최저 기록
(   )(   )

(   )(   )
잘되라고 빌어 주는 것.
축하 편지 祝 賀 祝 福 복을 비는 것.
결혼을 축복하다.
(   )(   )

(   )(   )
만족하게 채우는 것.
기분이 충만하다. 充 滿 充 足 만족하게 채워짐.
(   )(   )

(   )(   )
끝없는 정성 致 誠 致 賀 축하하여 칭찬하다.
(   )(   )

(   )(   )
법과 규칙, 자연의 법칙 法 則 規 則 규율과 법도
지구는 규칙적으로 돈다.
(   )(   )

4 독음과 한자를 쓰시오.

最高	祝賀	充滿	致誠	法則
최 저	축 복	충 족	치 하	규 칙

5 한자를 쓰시오.

476 最 가장 (최)

477 祝 빌 (축)

478 充 채울 (충)

479 致 이를 (치)

480 則 법칙 (칙)

memo

5급 배정한자 481~485 자원 풀이

481 打

칠 타 〔手 5획〕

扌-手, 丁:못 정

一 亅 扌 扌 打

손으로(扌) 못을 쳐서(丁) 박는다.

打擊 - 타격 (칠 격)
打倒 - 타도 (넘어질 도)

482 他

다를 타 〔人 5획〕

亻-人, 也:잇기 야

丿 亻 仴 仲 他

사람이(亻) 뱀같이(也) 쌀쌀하여 다른 타인으로 느낀다.

他意 - 타의 (뜻 의)
他律 - 타율 (법칙 률)

483 卓

높을 탁 〔十 8획〕

卜-上, 早:이를 조

丨 卜 占 占 卓

사람들이 아침에 떠오른 해(早)처럼 높이 우러러(上) 본다.

卓越 - 탁월 (넘을 월)
卓球 - 탁구 (공 구)

484 炭

숯 탄 〔火 9획〕

屵-岸, 火:불 화

屵 山 屵 炭 炭

산 언덕 아래(屵)에서 나무를 구워(火) 만든 숯.

石炭 - 석탄 (돌 석)
炭鑛 - 탄광 (쇳돌 광)

485 宅

집 택(댁) 〔宀 6획〕

宀:집 면, 乇:맡길 탁

宀 宀 宀 宅 宅

집은(宀) 사람이 들어가서 몸을 의탁(乇)하는 곳이다.

舍宅 - 사택 (집 사)
宅配 - 택배 (짝 배)

1 배정한자 481~485

打	他	卓	炭	宅
칠 타	다를 타	높을 탁	숯 탄	집 택

2 훈음과 한자를 쓰시오.

보기

價格	→	價格		정 가	정할 정	→	定價	
가격 / 격식 격		가격 / 값 가 / 격식 격		/ 정할 정			정가 / 정할 정 / 값 가	

打擊 — 타격 / 칠 타

打倒 — 타도 / 넘어질 도

他意 — 타의 / 다를 타

他律 — 타율 / 법칙 률

卓越 — 탁월 / 높을 탁

卓球 — 탁구 / 공 구

石炭 — 석탄 / 숯 탄

炭鑛 — 탄광 / 쇳돌 광

舍宅 — 사택 / 집 택

宅配 — 택배 / 짝 배

타격 / 칠 격

E·도 / 칠 타

타의 / 뜻 의

타율 / 다를 타

탁월 / 넘을 월

탁구 / 높을 탁

석탄 / 돌 석

탄광 / 숯 탄

사택 / 집 사

택배 / 집 택

memo

3 (   ) 안에 훈음을 쓰시오.

보기

| (값 가) (격식 격)
물건에 값을 매긴 것 | 價 格 | 定 價 | (정할 정) (값 가)
일정한 금액으로 정한 가격 |

(   )(   )
쳐서 격퇴하는 것.
야구의 타격수

打 擊

打 倒

쳐서 넘어뜨림.
(   )(   )

(   )(   )
다른 사람의 뜻.
타의로 결정

他 意

他 律

타의로 행동거지를 정함.
(   )(   )

(   )(   )
높이 뛰어남.
탁월한 솜씨

卓 越

卓 球

탁구 선수
(   )(   )

(   )(   )
탄광에서 캐는 석탄

石 炭

炭 鑛

석탄을 캐는 탄광
(   )(   )

(   )(   )
개인 주택

舍 宅

宅 配

집으로 배달하는 것.
택배 물건
(   )(   )

4 독음과 한자를 쓰시오.

打擊	他意	卓越	石炭	舍宅
타 도	타 율	탁 구	탄 광	택 배

5 한자를 쓰시오.

memo

481						
 打 칠 타	打					
	打					

482						
 他 다를 타	他					
	他					

483						
 卓 높을 탁	卓					
	卓					

484						
 炭 숯 탄	炭					
	炭					

485						
 宅 집 택	宅					
	宅					

memo

5급 배정한자 486 ~ 490 자원 풀이

486 板

널 **판** 〔木8획〕

木:나무 목, 反:뒤집을 반

十	木	朽	板	板

통나무를(木) 아래 위로 뒤집어 (反) 켜 낸 널 조각 판목으로 판자를 대신하다(제재소).

板木 - 판목 (나무 목)
板子 - 판자 (아들 자)

487 敗

패할 **패** 〔攴11획〕

貝:조개 패, 攵 - 攴

月	貝	財	敗	敗

조개를(貝)막대기로 치니(攵) 깨져 패하다.

敗亡 - 패망 (망할 망)
敗北 - 패배 (달아날 배)

488 品

물건 **품** 〔口9획〕

口 (물건과 물건), 吅

丶	丨	口	呂	品

물건 셋을(口) 균형 있게 쌓은 모습.

性品 - 성품 (성품 성)
品格 - 품격 (격식 격)

489 必

반드시 **필** 〔心5획〕

心 (마음), 丿 (말뚝)

丶	丿	必	必	必

마음에(心) 말뚝(丿)을 박듯이 꼭 반드시 명심한다.

必須 - 필수 (모름지기 수)
必要 - 필요 (구원할 요)

490 筆

붓 **필** 〔竹12획〕

竹:대 죽, 聿:붓 율

竹	竺	笙	筆	筆

대로 만든(竹) 붓(聿)으로 필기하다.

筆記 - 필기 (기록할 기)
筆跡 - 필적 (자취 적)

1 배정한자 486~490

板	敗	品	必	筆
널 판	패할 패	물건 품	반드시 필	붓 필

2 훈음과 한자를 쓰시오.

板木 판 목 — 널 판

板子 판 자 — 아들 자

敗亡 패 망 — 패할 패

敗北 패 배 — 달아날 배

性品 성 품 — 물건 품

品格 품 격 — 격식 격

必須 필 수 — 반드시 필

必要 필 요 — 요긴할 요

筆記 필 기 — 붓 필

筆跡 필 적 — 자취 적

판 목 — 나무 목

판 자 — 널 판

패 망 — 망할 망

패 배 — 패할 패

성 품 — 성품 성

품 격 — 물건 품

필 수 — 모름지기 수

필 요 — 반드시 필

필 기 — 기록할 기

필 적 — 붓 필

3 ( ) 안에 훈음을 쓰시오.

보기

(값 가) (격식 격)
물건에 값을 매긴 것

| 價 | 格 |

| 定 | 價 |

(정할 정) (값 가)
일정한 금액으로 정한 가격

( )( )
널판의 목재

| 板 | 木 |

| 板 | 子 |

넓적한 판자, 판자다리
( )( )

( )( )
패하여 망함.

| 敗 | 亡 |

| 敗 | 北 |

져서 패함.
전쟁에서 패배
( )( )

( )( )
품성의 성격

| 性 | 品 |

| 品 | 格 |

품성과 인격
학생으로서 품격을 갖춤.
( )( )

( )( )
반드시 필요한 필수품
면도기는 남자의 필수품

| 必 | 須 |

| 必 | 要 |

요구되는 필수품
필요한 생활 도구
( )( )

( )( )
연필, 필기도구로 글을
기록.

| 筆 | 記 |

| 筆 | 跡 |

글을 쓰는 흔적의 솜씨
( )( )

4 독음과 한자를 쓰시오.

板 木	敗 亡	性 品	必 須	筆 記
판 자	패 배	품 격	필 요	필 적

5 한자를 쓰시오.

486 板 — 널 판

487 敗 — 패할 패

488 品 — 물건 품

489 必 — 반드시 필

490 筆 — 붓 필

5급 배정한자 491 ~ 495 자원 풀이

491

河

물 하　〔水 8획〕

氵-水, 丁 (굽은), 口 : 입 구

황하의 물(氵) 꾸불꾸불(丁) 흘러내린 하구(口).

氵　氵　氵　氵　河

河口 - 하구 (입 구)
河馬 - 하마 (말 마)

492

寒

찰 한　〔宀 12획〕

宀 : 집 면, 茻 : 풀 숲, 冫 (얼음)

사람이 움집에서(宀) 풀숲으로(茻) 몸을 감싸 추위를(冫) 막는 찬 겨울.

宀　宀　宔　宲　寒

寒氣 - 한기 (기운 기)
寒波 - 한파 (물결 파)

493

害

해할 해　〔宀 10획〕

宀 (집), 丰 : 어지러이날 개, 口 : 입 구

집에(宀) 들어 앉아 어지러이(丰) 남을 헐뜯는 말(口)로 해하다.

宀　宀　宔　宔　害

害毒 - 해독 (독 독)
害惡 - 해악 (악할 악)

494

許

허락할 허　〔言 11획〕

言 : 말씀 언, 午 : 낮 오

음기와 양기가 합치는 낮에(午) 부탁한 말씀(言)의 허락이 떨어지다.

言　言　許　許　許

許諾 - 허락 (허락할 락)
許容 - 허용 (얼굴 용)

495

湖

호수 호　〔水 12획〕

氵-水, 胡 : 소먹살 호

호수에(水) 돌을 던지니 그 파장이 소먹살(胡)처럼 퍼진다.

氵　汁　沽　湖　湖

湖水 - 호수 (물 수)
湖畔 - 호반 (두둑 반)

1 배정한자 491~495

河	寒	害	許	湖
물 하	찰 한	해할 해	허락할 허	호수 호

2 훈음과 한자를 쓰시오.

보기

價格	→	價格		定價
가 격 / 격식 격		가 격 / 값 가 / 격식 격	정 가 / 정할 정	정 가 / 정할 정 / 값 가

河口 하구 — 물 하

河馬 하마 — 말 마

寒氣 한기 — 찰 한

寒波 한파 — 물결 파

害毒 해독 — 해할 해

害惡 해악 — 악할 악

許諾 허락 — 허락할 허

許容 허용 — 얼굴 용

湖水 호수 — 호수 호

湖畔 호반 — 두둑 반

하구 — 입 구

하마 — 물 하

한기 — 기운 기

한파 — 찰 한

해독 — 독 독

해악 — 해할 해

허락 — 허락할 락

허용 — 허락할 허

호수 — 물 수

호반 — 호수 호

memo

3 ( ) 안에 훈음을 쓰시오.

보기

(값 가) (격식 격)
물건에 값을 매긴 것 價 格 定 價 (정할 정) (값 가)
일정한 금액으로 정한 가격

(   )(   )
강 어구 河 口 河 馬 물에 사는 하마
( )( )

(   )(   )
찬바람의 기운 寒 氣 寒 波 찬 기운의 파동
지난 겨울의 한파
( )( )

(   )(   )
해로운 독, 벌레의 해독 害 毒 害 惡 해롭고 악한 것.
해충의 해악
( )( )

(   )(   )
승낙하여 허락함. 許 諾 許 容 허락하여 수용함.
머리 염색을 허용하다.
( )( )

(   )(   )
물이 고인 큰 못 湖 水 湖 畔 호수에 둘러싸인 도시
춘천은 호반의 도시
( )( )

4 독음과 한자를 쓰시오.

河口	寒氣	害毒	許諾	湖水
하 마	한 파	해 악	허 용	호 반

memo

5 한자를 쓰시오.

491 河 물 하

492 寒 찰 한

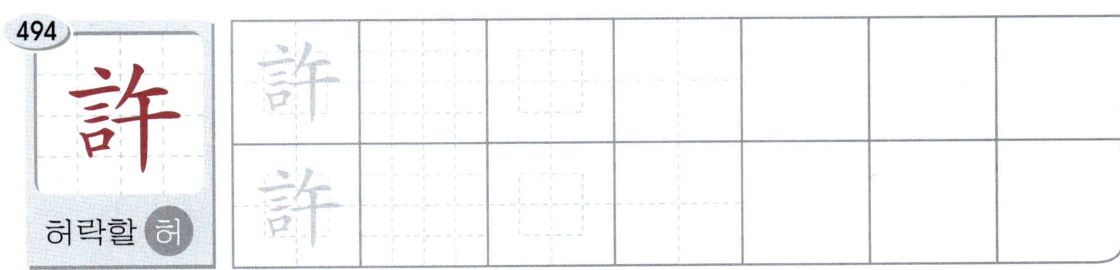

493 害 해할 해

494 許 허락할 허

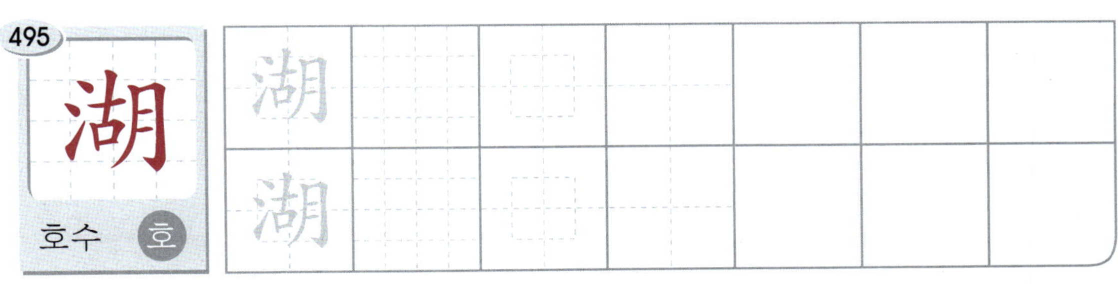

495 湖 호수 호

5급 배정한자 496 ~ 500 자원 풀이

496 化

될 화　[匕 4획]

亻- 人, 匕 : 꼬부라질 비

사람이(亻) 늙으면 꼬부라져(匕) 변화되어 간다.

丿　亻　亻　化　化

化學 - 화학 (배울 학)
化工 - 화공 (장인 공)

497 患

근심 환　[心 11획]

串 : 꼬챙이 관, 心 : 마음 심

꼬챙이에(串) 찔린 듯 마음이(心) 고통스러워 근심된다.

口　吕　串　患　患

患者 - 환자 (놈 자)
患部 - 환부 (떼 부)

498 效

본받을 효　[攴 10획]

交 : 사귈 교, 攵 - 攴

착한 사람과 사귀도록(交) 타일러(攵) 좋은 것을 본받게 함.

亠　亣　交　攰　效

效果 - 효과 (실과 과)
效能 - 효능 (능할 능)

499 凶

흉할 흉　[凵 4획]

凵 : 입벌릴 감, 乂 : 교차할 오

땅이 움푹 꺼지고(凵) 금간(乂) 모양이 흉하듯 얼굴에 칼 자국이 흉하다.

丿　乂　凶　凶　凶

凶年 - 흉년 (해 년)
凶家 - 흉가 (집 가)

500 黑

검을 흑　[黑 12획]

囗 - 囱, 灬 - 炎

불꽃의 화염이(灬) 창으로 나가(囗) 검다.

口　四　甲　里　黑

黑幕 - 흑막 (장막 막)
黑白 - 흑백 (흰 백)

memo

1 배정한자 496~500

化	患	效	凶	黑
될 화	근심 환	본받을 효	흉할 흉	검을 흑

2 훈음과 한자를 쓰시오.

보기

價格 / 가격 / 격식 격 → 價格 / 가격 / 값 가 / 격식 격

정가 / 정할 정 → 定價 / 정가 / 정할 정 / 값 가

化學 / 화 학 / 될 화
化工 / 화 공 / 장인 공
患者 / 환 자 / 근심 환
患部 / 환 부 / 떼 부

效果 / 효 과 / 본받을 효
效能 / 효 능 / 능할 능
凶年 / 흉 년 / 흉할 흉
凶家 / 흉 가 / 집 가

黑幕 / 흑 막 / 검을 흑
黑白 / 흑 백 / 흰 백
화 학 / 배울 학
화 공 / 될 화

환 자 / 놈 자
환 부 / 근심 환
효 과 / 실과 과
효 능 / 본받을 효

흉 년 / 해 년
흉 가 / 흉할 흉
흑 막 / 장막 막
흑 백 / 검을 흑

3 ( ) 안에 훈음을 쓰시오.

보기

(값 가) (격식 격)
물건에 값을 매긴 것　價 格　定 價　(정할 정) (값　가)
일정한 금액으로 정한 가격

(　　　　)(　　　　)
물질의 변화를 연구하는 학문.　化 學　化 工　공업용 화학 약품
화공약품
(　　　　)(　　　　)

(　　　　)(　　　　)
질병을 앓고 있는 사람.
환자 입원　患 者　患 部　아픈 부위 환부의 치료
(　　　　)(　　　　)

(　　　　)(　　　　)
효능이 있는 결과
치료의 효과　效 果　效 能　효과 있는 능력
산삼의 효능
(　　　　)(　　　　)

(　　　　)(　　　　)
곡식이 안 되어 흉한 해　凶 年　凶 家　망하여 흉하게 된 집
(　　　　)(　　　　)

(　　　　)(　　　　)
검은 장막에 가리어짐.
베일의 흑막　黑 幕　黑 白　검은 것과 흰 것.
흑백을 가리다.
(　　　　)(　　　　)

4 독음과 한자를 쓰시오.

化學	患者	效果	凶年	黑幕
화　공	환　부	효　능	흉　가	흑　백

5 한자를 쓰시오.

496 化
될 화

497 患
근심 환

498 效
본받을 효

499 凶
흉할 흉

500 黑
검을 흑

5級

漢字能力檢定用

3편 배정한자 낱말 활용

memo

● 배정한자 낱말 활용 1 ~ 20

1 校 학교 교
- 校長 (교장)
- 校監 (교감)

2 敎 가르칠 교
- 敎師 (   )
- 敎育 (   )

3 九 아홉 구
- 九死 (   )
- 一生 (   )

4 國 나라 국
- 國家 (   )
- 國民 (   )

5 軍 군사 군
- 軍人 (   )
- 軍隊 (   )

6 金 쇠금,성김
- 金九 (   )
- 金冠 (   )

7 南 남녘 남
- 南方 (   )
- 南向 (   )

8 女 계집 녀
- 女性 (   )
- 女軍 (   )

9 年 해 년
- 新年 (   )
- 年初 (   )

10 大 큰 대
- 大學 (   )
- 大望 (   )

11 東 동녘 동
- 東洋 (   )
- 東海 (   )

12 六 여섯 륙
- 六法 (   )
- 六甲 (   )

13 萬 일만 만
- 萬里 (   )
- 長城 (   )

14 母 어미 모
- 母子 (   )
- 母情 (   )

15 木 나무 목
- 木手 (   )
- 木材 (   )

16 門 문 문
- 家門 (   )
- 門牌 (   )

17 民 백성 민
- 民俗 (   )
- 民泊 (   )

18 白 흰 백
- 白米 (   )
- 白雪 (   )

19 父 아비 부
- 父母 (   )
- 兄弟 (   )

20 北 북녘 북
- 北韓 (   )
- 北京 (   )

● 배정한자 낱말 활용 21~40

21 넉 사 四
- 四書 (사 서)
- 三經 (삼 경)

22 메 산 山
- 山林 ( )
- 山水 ( )

23 석 삼 三
- 三間 ( )
- 草家 ( )

24 날 생 生
- 生命 ( )
- 生活 ( )

25 서녘 서 西
- 西紀 ( )
- 西歐 ( )

26 먼저 선 先
- 先生 ( )
- 先納 ( )

27 작을 소 小
- 小心 ( )
- 大小 ( )

28 물 수 水
- 水位 ( )
- 水泳 ( )

29 집 실 室
- 室內 ( )
- 居室 ( )

30 열 십 十
- 十年 ( )
- 知己 ( )

31 다섯 오 五
- 世俗 ( )
- 五戒 ( )

32 임금 왕 王
- 王妃 ( )
- 王子 ( )

33 바깥 외 外
- 外國 ( )
- 外出 ( )

34 달 월 月
- 月末 ( )
- 月給 ( )

35 두 이 二
- 二次 ( )
- 二層 ( )

36 사람 인 人
- 人間 ( )
- 人格 ( )

37 한 일 一
- 鍾路 ( )
- 一街 ( )

38 날 일 日
- 日記 ( )
- 日氣 ( )

39 긴 장 長
- 長短 ( )
- 長點 ( )

40 아우 제 弟
- 兄弟 ( )
- 弟嫂 ( )

memo

● 배정한자 낱말 활용 41~60

41 中 가운데 중
- 中央 (중앙)
- 中學 (중학)

42 靑 푸를 청
- 靑果 (　　)
- 靑春 (　　)

43 寸 마디 촌
- 寸數 (　　)
- 三寸 (　　)

44 七 일곱 칠
- 北斗 (　　)
- 七星 (　　)

45 土 흙 토
- 土地 (　　)
- 土壤 (　　)

46 八 여덟 팔
- 八道 (　　)
- 江山

47 學 배울 학
- 學校 (　　)
- 學科 (　　)

48 韓 나라 한 / 한국 한
- 韓國 (　　)
- 韓服 (　　)

49 兄 맏 형
- 兄夫 (　　)
- 妹兄 (　　)

50 火 불 화
- 火力 (　　)
- 火災 (　　)

51 家 집 가
- 家庭 (　　)
- 家族 (　　)

52 歌 노래 가
- 歌手 (　　)
- 歌曲 (　　)

53 間 사이 간
- 時間 (　　)
- 間食 (　　)

54 江 강 강
- 漢江 (　　)
- 江村 (　　)

55 車 수레 거/차
- 車道 (　　)
- 停車 (　　)

56 工 장인 공
- 工場 (　　)
- 工作 (　　)

57 空 빌 공
- 空軍 (　　)
- 空氣 (　　)

58 口 입 구
- 口語 (　　)
- 口腔 (　　)

59 記 기록 기
- 記者 (　　)
- 記錄 (　　)

60 氣 기운 기
- 氣象 (　　)
- 氣候 (　　)

● 배정한자 낱말 활용 61~80

61 旗 기 기
- 國旗 (국 기)
- 太極旗 (태극기)

62 男 사내 남
- 男子 (   )
- 男性 (   )

63 內 안 내
- 內外 (   )
- 內部 (   )

64 農 농사 농
- 農園 (   )
- 農夫 (   )

65 答 대답 답
- 答案 (   )
- 正答 (   )

66 道 길 도
- 道路 (   )
- 道德 (   )

67 冬 겨울 동
- 冬節 (   )
- 冬服 (   )

68 同 한가지 동
- 同居 (   )
- 同僚 (   )

69 洞 골 동
- 洞里 (   )
- 洞長 (   )

70 動 움직일 동
- 動物 (   )
- 生動 (   )

71 登 오를 등
- 登山 (   )
- 登頂 (   )

72 來 올 래
- 來賓 (   )
- 來訪 (   )

73 力 힘 력
- 迫力 (   )
- 武力 (   )

74 老 늙을 로
- 敬老 (   )
- 老人 (   )

75 里 마을 리
- 里程標 (   )
- 千里馬 (   )

76 林 수풀 림
- 林野 (   )
- 林産物 (   )

77 立 설 립
- 立春 (   )
- 大吉 (   )

78 每 매양 매
- 每番 (   )
- 每事 (   )

79 面 낯 면
- 面會 (   )
- 面談 (   )

80 名 이름 명
- 名牌 (   )
- 名札 (   )

● 배정한자 낱말 활용 81~100

81 命 목숨 명
- 命令 (명령)
- 使命 (사명)

82 文 글월 문
- 文書 (   )
- 文具 (   )

83 問 물을 문
- 問題 (   )
- 問項 (   )

84 物 물건 물
- 物質 (   )
- 物資 (   )

85 方 모 방
- 方法 (   )
- 方案 (   )

86 百 일백 백
- 百萬 (   )
- 百姓 (   )

87 夫 지아비 부
- 夫婦 (   )
- 丈夫 (   )

88 不 아니 불
- 不正 (   )
- 不滿 (   )

89 事 일 사
- 事故 (   )
- 事實 (   )

90 算 셈할 산
- 算數 (   )
- 算出 (   )

91 上 윗 상
- 上流 (   )
- 上級 (   )

92 色 빛 색
- 色相 (   )
- 色彩 (   )

93 夕 저녁 석
- 夕刊 (   )
- 夕陽 (   )

94 姓 성 성
- 姓氏 (   )
- 姓名 (   )

95 世 인간 세
- 世上 (   )
- 世界 (   )

96 少 적을 소
- 少女 (   )
- 少年 (   )

97 所 바 소
- 所見 (   )
- 所感 (   )

98 手 손 수
- 手足 (   )
- 手巾 (   )

99 數 셈 수
- 數學 (   )
- 點數 (   )

100 市 저자 시
- 市場 (   )
- 市長 (   )

● 배정한자 낱말 활용 101 ~ 120

101 때 시 時
- 時計 (시계)
- 時間 (시간)

102 밥 식 食
- 食堂 (　　　)
- 食事 (　　　)

103 심을 식 植
- 植木日(　　　)
- 植 樹(　　　)

104 마음 심 心
- 心氣 (　　　)
- 心亂 (　　　)

105 편안 안 安
- 安寧 (　　　)
- 安全 (　　　)

106 말씀 어 語
- 言語 (　　　)
- 語源 (　　　)

107 그럴 연 然
- 自然 (　　　)
- 當然 (　　　)

108 낮 오 午
- 午前 (　　　)
- 午後 (　　　)

109 오른 우 右
- 右側 (　　　)
- 右迴 (　　　)

110 있을 유 有
- 有給 (　　　)
- 有識 (　　　)

111 기를 육 育
- 育兒 (　　　)
- 敎育 (　　　)

112 고을 읍 邑
- 邑內 (　　　)
- 都邑 (　　　)

113 들 입 入
- 入門 (　　　)
- 入山 (　　　)

114 아들 자 子
- 子女 (　　　)
- 子息 (　　　)

115 글자 자 字
- 文字 (　　　)
- 字幕 (　　　)

116 스스로 자 自
- 自律 (　　　)
- 自習 (　　　)

117 마당 장 場
- 場所 (　　　)
- 開場 (　　　)

118 온전 전 全
- 全部 (　　　)
- 全員 (　　　)

119 앞 전 前
- 前後 (　　　)
- 前期 (　　　)

120 번개 전 電
- 電氣 (　　　)
- 電力 (　　　)

memo

● 배정한자 낱말 활용 121 ~ 140

121 正 바를 정
- 正義 (정의)
- 正直 (정직)

122 祖 할아비조
- 祖父 (   )
- 祖母 (   )

123 足 발 족
- 充足 (   )
- 滿足 (   )

124 左 왼 좌
- 左右 (   )
- 左傾 (   )

125 主 주인 주
- 主人 (   )
- 主管 (   )

126 住 살 주
- 住居 (   )
- 住民 (   )

127 重 무거울 중
- 重量 (   )
- 重要 (   )

128 地 따 지
- 地球 (   )
- 地圖 (   )

129 紙 종이 지
- 紙面 (   )
- 紙幣 (   )

130 直 곧을 직
- 直線 (   )
- 直結 (   )

131 川 내 천
- 河川 (   )
- 仁川 (   )

132 千 일천 천
- 千年 (   )
- 千字文(   )

133 天 하늘 천
- 天命 (   )
- 天堂 (   )

134 草 풀 초
- 草木 (   )
- 草原 (   )

135 村 마을 촌
- 村落 (   )
- 農村 (   )

136 秋 가을 추
- 秋收 (   )
- 秋穀 (   )

137 春 봄 춘
- 春夏 (   )
- 秋冬 (   )

138 出 날 출
- 出席 (   )
- 出勤 (   )

139 便 편할 편
- 便利 (   )
- 便所 (   )

140 平 평평할 평
- 平等 (   )
- 平和 (   )

● 배정한자 낱말 활용 (141 ~ 160)

141 下 아래 하
- 下等 (하등)
- 下級 (하급)

142 夏 여름 하
- 夏期 ( )
- 夏節 ( )

143 漢 한수 한
- 漢字 ( )
- 漢文 ( )

144 海 바다 해
- 海岸 ( )
- 海軍 ( )

145 花 꽃 화
- 花盆 ( )
- 花壇 ( )

146 話 말씀 화
- 話術 ( )
- 話法 ( )

147 活 살 활
- 活氣 ( )
- 活躍 ( )

148 孝 효도 효
- 孝子 ( )
- 孝女 ( )

149 後 뒤 후
- 後光 ( )
- 後繼 ( )

150 休 쉴 휴
- 休暇 ( )
- 休息 ( )

151 各 각각 각
- 各樣 ( )
- 各色 ( )

152 角 뿔 각
- 角度 ( )
- 角木 ( )

153 感 느낄 감
- 感情 ( )
- 感激 ( )

154 強 강할 강
- 強度 ( )
- 強力 ( )

155 開 열 개
- 開放 ( )
- 開化 ( )

156 京 서울 경
- 京城 ( )
- 京鄕 ( )

157 計 셀 계
- 計算 ( )
- 計數 ( )

158 界 지경 계
- 世界 ( )
- 境界 ( )

159 高 높을 고
- 高級 ( )
- 高價 ( )

160 苦 쓸 고
- 苦學 ( )
- 苦生 ( )

memo

● 배정한자 낱말 활용 161~180

161 古 예 고
- 古都 (고도)
- 古宮 (고궁)

162 功 공 공
- 功臣 (　　　)
- 功勞 (　　　)

163 公 공평할 공
- 公共 (　　　)
- 公平 (　　　)

164 共 한가지 공
- 共同 (　　　)
- 共生 (　　　)

165 科 과목 과
- 科學 (　　　)
- 科目 (　　　)

166 果 실과 과
- 果實 (　　　)
- 果樹 (　　　)

167 光 빛 광
- 光線 (　　　)
- 光明 (　　　)

168 交 사귈 교
- 交代 (　　　)
- 交通 (　　　)

169 球 공 구
- 地球 (　　　)
- 蹴球 (　　　)

170 區 구분할 구
- 區域 (　　　)
- 區分 (　　　)

171 郡 고을 군
- 郡民 (　　　)
- 郡守 (　　　)

172 近 가까울 근
- 近處 (　　　)
- 近郊 (　　　)

173 根 뿌리 근
- 根本 (　　　)
- 根源 (　　　)

174 今 이제 금
- 今時 (　　　)
- 初聞 (　　　)

175 級 등급 급
- 學級 (　　　)
- 級友 (　　　)

176 急 급할 급
- 急速 (　　　)
- 急流 (　　　)

177 多 많을 다
- 多少 (　　　)
- 多數 (　　　)

178 短 짧을 단
- 短期 (　　　)
- 短縮 (　　　)

179 堂 집 당
- 別堂 (　　　)
- 祠堂 (　　　)

180 待 기다릴 대
- 招待 (　　　)
- 待接 (　　　)

● 배정한자 낱말 활용 (181~200)

181 대신 대 代
- 代理 (대리)
- 代身 (대신)

182 대할 대 對
- 對面 (   )
- 對答 (   )

183 그림 도 圖
- 地圖 (   )
- 圖案 (   )

184 법드 도 度
- 態度 (   )
- 度量 (   )

185 읽을 독 讀
- 讀書 (   )
- 讀解 (   )

186 아이 동 童
- 童心 (   )
- 童話 (   )

187 머리 두 頭
- 頭腦 (   )
- 頭目 (   )

188 무리 등 等
- 等級 (   )
- 等數 (   )

189 즐길 락 樂
- 樂園 (   )
- 樂天 (   )

190 길 로 路
- 高速 (   )
- 道路 (   )

191 푸를 록 綠
- 綠葉 (   )
- 綠色 (   )

192 법식 례 例
- 例問 (   )
- 例示 (   )

193 예도 례 禮
- 禮訪 (   )
- 禮節 (   )

194 오얏 리 李
- 李氏 (   )
- 朝鮮 (   )

195 이로울 리 利
- 利益 (   )
- 利權 (   )

196 다스릴 리 理
- 理致 (   )
- 理論 (   )

197 밝을 명 明
- 明暗 (   )
- 明白 (   )

198 눈 목 目
- 目標 (   )
- 目的 (   )

199 들을 문 聞
- 新聞 (   )
- 見聞 (   )

200 쌀 미 米
- 玄米 (   )
- 白米 (   )

memo

● 배정한자 낱말 활용 201 ~ 220

201 아름다울 미 美
- 美國 (미 국)
- 美軍 (미 군)

202 성 박 朴
- 素朴 (   )
- 淳朴 (   )

203 나눌 반 班
- 兩班 (   )
- 班長 (   )

204 돌이킬 반 反
- 反省 (   )
- 反對 (   )

205 반 반 半
- 半球 (   )
- 半島 (   )

206 필 발 發
- 發電 (   )
- 發達 (   )

207 놓을 방 放
- 放學 (   )
- 放送 (   )

208 차례 번 番
- 番號 (   )
- 缺番 (   )

209 다를 별 別
- 別室 (   )
- 別分 (   )

210 병 병 病
- 病院 (   )
- 病苦 (   )

211 옷 복 服
- 校服 (   )
- 服裝 (   )

212 근본 본 本
- 本能 (   )
- 本性 (   )

213 떼 부 部
- 上部 (   )
- 部分 (   )

214 나눌 분 分
- 分數 (   )
- 分析 (   )

215 모일 사 社
- 會社 (   )
- 社長 (   )

216 죽을 사 死
- 死亡 (   )
- 死別 (   )

217 하여금 사 使
- 使臣 (   )
- 使命感(   )

218 글 서 書
- 書店 (   )
- 書冊 (   )

219 돌 석 石
- 石塔 (   )
- 石彫 (   )

220 자리 석 席
- 座席 (   )
- 立席 (   )

● 배정한자 낱말 활용 221 ~ 240

221 線 줄 선
- 線路 (선 로)
- 直線 (직선)

222 雪 눈 설
- 雪峰 (　　)
- 雪景 (　　)

223 省 살필 성
- 一日 (　　)
- 三省 (　　)

224 成 이를 성
- 成果 (　　)
- 成功 (　　)

225 消 사라질 소
- 消滅 (　　)
- 消耗 (　　)

226 速 빠를 속
- 速報 (　　)
- 速成 (　　)

227 孫 손자 손
- 孫子 (　　)
- 孫女 (　　)

228 樹 나무 수
- 樹林 (　　)
- 樹液 (　　)

229 術 재주 술
- 技術 (　　)
- 美術 (　　)

230 習 익힐 습
- 練習 (　　)
- 見習 (　　)

231 勝 이길 승
- 勝利 (　　)
- 勝者 (　　)

232 始 비로소 시
- 始動 (　　)
- 始作 (　　)

233 式 법 식
- 格式 (　　)
- 方式 (　　)

234 神 귀신 신
- 神父 (　　)
- 神聖 (　　)

235 身 몸 신
- 身體 (　　)
- 身檢 (　　)

236 信 믿을 신
- 信念 (　　)
- 信望 (　　)

237 新 새 신
- 新聞 (　　)
- 新曲 (　　)

238 失 잃을 실
- 失格 (　　)
- 失望 (　　)

239 愛 사랑 애
- 愛情 (　　)
- 愛憎 (　　)

240 野 들 야
- 野外 (　　)
- 野遊會 (　　)

memo

● 배정한자 낱말 활용 241~260

241 밤 야 夜
- 夜間 (야간)
- 夜勤 (야근)

242 약 약 藥
- 藥局 (　　　)
- 藥效 (　　　)

243 약할 약 弱
- 弱者 (　　　)
- 弱點 (　　　)

244 볕 양 陽
- 太陽 (　　　)
- 陽地 (　　　)

245 큰바다 양 洋
- 五大洋 (　　　)
- 遠洋 (　　　)

246 말씀 언 言
- 言辯 (　　　)
- 言語 (　　　)

247 업 업 業
- 業體 (　　　)
- 職業 (　　　)

248 길 영 永
- 永久 (　　　)
- 永生 (　　　)

249 꽃부리 영 英
- 英材 (　　　)
- 敎育 (　　　)

250 따뜻할 온 溫
- 溫湯 (　　　)
- 溫氣 (　　　)

251 날랠 용 勇
- 勇猛 (　　　)
- 勇氣 (　　　)

252 쓸 용 用
- 用具 (　　　)
- 用途 (　　　)

253 옮길 운 運
- 運轉 (　　　)
- 運送 (　　　)

254 동산 원 園
- 公園 (　　　)
- 庭園 (　　　)

255 멀 원 遠
- 遠近 (　　　)
- 遠隔 (　　　)

256 기름 유 油
- 油田 (　　　)
- 石油 (　　　)

257 말미암을 유 由
- 自由 (　　　)
- 主義 (　　　)

258 은 은 銀
- 銀行 (　　　)
- 銀賞 (　　　)

259 마실 음 飮
- 飮酒 (　　　)
- 運轉 (　　　)

260 소리 음 音
- 音樂 (　　　)
- 音盤 (　　　)

● 배정한자 낱말 활용 (261 ~ 280)

261 意 — 뜻 의
- 意見 (의견)
- 意慾 (의욕)

262 衣 — 옷 의
- 衣服 (   )
- 衣類 (   )

263 醫 — 의원 의
- 醫療 (   )
- 保險 (   )

264 者 — 놈 자
- 筆者 (   )
- 記者 (   )

265 昨 — 어제 작
- 昨日 (   )
- 昨年 (   )

266 作 — 지을 작
- 作詞 (   )
- 作曲 (   )

267 章 — 글 장
- 憲章 (   )
- 圖章 (   )

268 在 — 있을 재
- 在學 (   )
- 在京 (   )

269 才 — 재주 재
- 才致 (   )
- 才談 (   )

270 戰 — 싸울 전
- 戰爭 (   )
- 戰死 (   )

271 庭 — 뜰 정
- 校庭 (   )
- 庭園 (   )

272 定 — 정할 정
- 定價 (   )
- 定立 (   )

273 題 — 제목 제
- 題目 (   )
- 宿題 (   )

274 第 — 차례 제
- 第一 (   )
- 落第 (   )

275 朝 — 아침 조
- 朝會 (   )
- 朝餐 (   )

276 族 — 겨레 족
- 親族 (   )
- 族譜 (   )

277 晝 — 낮 주
- 晝耕 (   )
- 夜讀 (   )

278 注 — 부을 주
- 注射 (   )
- 注意 (   )

279 集 — 모을 집
- 集結 (   )
- 集團 (   )

280 窓 — 창 창
- 窓門 (   )
- 窓口 (   )

memo

● 배정한자 낱말 활용 281 ~ 300

281 清 맑을 청
- 清潔 (청결)
- 清純 (청순)

282 體 몸 체
- 體育 ( )
- 體操 ( )

283 親 친할 친
- 親睦 ( )
- 親近 ( )

284 太 클 태
- 太陽 ( )
- 太極旗 ( )

285 通 통할 통
- 通話 ( )
- 通報 ( )

286 特 특별할 특
- 特別 ( )
- 特級 ( )

287 表 겉 표
- 表面 ( )
- 表示 ( )

288 風 바람 풍
- 風車 ( )
- 風俗 ( )

289 合 합할 합
- 合同 ( )
- 合宿 ( )

290 行 다닐 행
- 行動 ( )
- 行實 ( )

291 幸 다행 행
- 幸運 ( )
- 幸福 ( )

292 向 향할 향
- 向方 ( )
- 方向 ( )

293 現 나타날 현
- 現金 ( )
- 現實 ( )

294 形 모양 형
- 形式 ( )
- 形態 ( )

295 號 이름 호
- 號令 ( )
- 番號 ( )

296 畫 그림 화 / 그을 획
- 畫家 ( )
- 漫畫 ( )

297 和 화할 화
- 和睦 ( )
- 和平 ( )

298 黃 누를 황
- 黃金 ( )
- 黃色 ( )

299 會 모일 회
- 會見 ( )
- 會談 ( )

300 訓 가르칠 훈
- 訓育 ( )
- 訓練 ( )

● 배정한자 낱말 활용 301 ~ 320

301 價 값 가
- 價格 (가격)
- 定價 (정가)

302 可 옳을 가
- 可決 (　　)
- 可能 (　　)

303 加 더할 가
- 加減 (　　)
- 加工 (　　)

304 改 그칠 개
- 改良 (　　)
- 改正 (　　)

305 客 손 객
- 客席 (　　)
- 客室 (　　)

306 擧 들 거
- 擧手 (　　)
- 擧動 (　　)

307 去 갈 거
- 去勢 (　　)
- 過去 (　　)

308 建 세울 건
- 建物 (　　)
- 建築 (　　)

309 件 물건 건
- 案件 (　　)
- 條件 (　　)

310 健 굳셀 건
- 健康 (　　)
- 健脚 (　　)

311 格 격식 격
- 格式 (　　)
- 合格 (　　)

312 見 볼 견
- 見聞 (　　)
- 見習 (　　)

313 決 결단할 결
- 決斷 (　　)
- 決判 (　　)

314 結 맺을 결
- 結果 (　　)
- 結婚 (　　)

315 敬 공경 경
- 敬虔 (　　)
- 敬老 (　　)

316 景 볕 경
- 景致 (　　)
- 風景 (　　)

317 輕 가벼울 경
- 輕重 (　　)
- 輕視 (　　)

318 競 다툴 경
- 競走 (　　)
- 競爭 (　　)

319 告 고할 고
- 告訴 (　　)
- 告發 (　　)

320 考 생각할 고
- 思考 (　　)
- 考案 (　　)

● 배정한자 낱말 활용 321 ~ 340

321 굳을 고 固
- 固體 (고체)
- 堅固 (견고)

322 굽을 곡 曲
- 曲線 (　　　)
- 作曲 (　　　)

323 과할 과 課
- 課程 (　　　)
- 課題 (　　　)

324 지날 과 過
- 過速 (　　　)
- 過密 (　　　)

325 관계할 관 關
- 關門 (　　　)
- 關稅 (　　　)

326 볼 관 觀
- 觀光 (　　　)
- 觀察 (　　　)

327 넓을 광 廣
- 廣告 (　　　)
- 廣場 (　　　)

328 다리 교 橋
- 橋脚 (　　　)
- 橋梁 (　　　)

329 예 구 舊
- 舊習 (　　　)
- 舊式 (　　　)

330 갖출 구 具
- 具備 (　　　)
- 道具 (　　　)

331 구원할 구 救
- 救援 (　　　)
- 救濟 (　　　)

332 판 국 局
- 局外 (　　　)
- 局長 (　　　)

333 귀할 귀 貴
- 貴族 (　　　)
- 貴賓 (　　　)

334 법 규 規
- 規律 (　　　)
- 規則 (　　　)

335 줄 급 給
- 給水 (　　　)
- 給食 (　　　)

336 몸 기 己
- 自己 (　　　)
- 克己 (　　　)

337 터 기 基
- 基礎 (　　　)
- 基本 (　　　)

338 재주 기 技
- 技巧 (　　　)
- 技術 (　　　)

339 물끓는김 기 汽
- 汽船 (　　　)
- 汽車 (　　　)

340 기약할 기 期
- 期約 (　　　)
- 期門 (　　　)

● 배정한자 낱말 활용 341 ~ 360

341 吉 길할 길
- 吉日 (길일)
- 吉兆 (길조)

342 念 생각 념
- 念頭 (　　)
- 念慮 (　　)

343 能 능할 능
- 能力 (　　)
- 能熟 (　　)

344 團 둥글 단
- 團結 (　　)
- 團體 (　　)

345 壇 단 단
- 壇上 (　　)
- 敎壇 (　　)

346 談 말씀 담
- 談笑 (　　)
- 談判 (　　)

347 當 마땅 당
- 當然 (　　)
- 該當 (　　)

348 德 큰 덕
- 道德 (　　)
- 德望 (　　)

349 到 이를 도
- 到着 (　　)
- 到達 (　　)

350 島 섬 도
- 獨島 (　　)
- 島嶼 (　　)

351 都 도읍 도
- 都邑 (　　)
- 都心 (　　)

352 獨 홀로 독
- 獨裁 (　　)
- 獨身 (　　)

353 落 떨어질 락
- 落榜 (　　)
- 落水 (　　)

354 朗 밝을 랑
- 明朗 (　　)
- 朗讀 (　　)

355 冷 찰 랭
- 冷藏 (　　)
- 冷凍 (　　)

356 良 어질 량
- 良質 (　　)
- 良好 (　　)

357 量 헤아릴 량
- 量的 (　　)
- 減量 (　　)

358 旅 나그네 려
- 旅券 (　　)
- 旅行 (　　)

359 歷 지날 력
- 歷史 (　　)
- 歷代 (　　)

360 練 익힐 련
- 訓練 (　　)
- 修練 (　　)

● 배정한자 낱말 활용 361 ~ 380

361 領 거느릴 령
- 領土 (령 토)
- 大統領 (대통령)

362 令 하여금 령
- 令狀 (　　)
- 命令 (　　)

363 勞 일할 로
- 勞動 (　　)
- 勞賃 (　　)

364 料 헤아릴 료
- 料理 (　　)
- 飼料 (　　)

365 類 무리 류
- 分類 (　　)
- 種類 (　　)

366 流 흐를 류
- 流通 (　　)
- 流行 (　　)

367 陸 뭍 륙
- 陸地 (　　)
- 着陸 (　　)

368 馬 말 마
- 馬具 (　　)
- 馬牌 (　　)

369 末 끝 말
- 末期 (　　)
- 末年 (　　)

370 望 바랄 망
- 希望 (　　)
- 大望 (　　)

371 亡 망할 망
- 亡命 (　　)
- 亡身 (　　)

372 賣 팔 매
- 賣買 (　　)
- 賣却 (　　)

373 買 살 매
- 買收 (　　)
- 買切 (　　)

374 無 없을 무
- 無料 (　　)
- 無線 (　　)

375 倍 곱 배
- 倍率 (　　)
- 倍加 (　　)

376 法 법 법
- 法律 (　　)
- 法官 (　　)

377 變 변할 변
- 變更 (　　)
- 變化 (　　)

378 兵 병사 병
- 兵士 (　　)
- 兵力 (　　)

379 福 복 복
- 福券 (　　)
- 幸福 (　　)

380 奉 받들 봉
- 奉養 (　　)
- 奉仕 (　　)

● 배정한자 낱말 활용 381 ~ 400

381 比 견줄 비
- 比重 (비 중)
- 比交 (비 교)

382 鼻 코 비
- 鼻炎 (　　　)
- 鼻音 (　　　)

383 費 쓸 비
- 費用 (　　　)
- 消費 (　　　)

384 氷 얼음 빙
- 氷點 (　　　)
- 氷河 (　　　)

385 仕 섬길 사
- 給仕 (　　　)
- 奉仕 (　　　)

386 士 선비 사
- 士兵 (　　　)
- 壯士 (　　　)

387 史 사기 사
- 史記 (　　　)
- 歷史 (　　　)

388 思 생각 사
- 思想 (　　　)
- 思考 (　　　)

389 寫 베낄 사
- 寫眞 (　　　)
- 寫本 (　　　)

390 査 조사할 사
- 査定 (　　　)
- 調査 (　　　)

391 産 낳을 산
- 産室 (　　　)
- 産母 (　　　)

392 相 서로 상
- 相面 (　　　)
- 相剋 (　　　)

393 商 장사 상
- 商街 (　　　)
- 商品 (　　　)

394 賞 상줄 상
- 賞狀 (　　　)
- 賞金 (　　　)

395 序 차례 서
- 順序 (　　　)
- 序列 (　　　)

396 仙 신선 선
- 仙女 (　　　)
- 神仙 (　　　)

397 鮮 고울 선
- 生鮮 (　　　)
- 鮮明 (　　　)

398 善 착할 선
- 善良 (　　　)
- 善心 (　　　)

399 船 배 선
- 船長 (　　　)
- 船員 (　　　)

400 選 가릴 선
- 選擧 (　　　)
- 選擇 (　　　)

memo

● 배정한자 낱말 활용 (401 ~ 420)

401 說 말씀 설
- 說教 (설교)
- 說明 (설명)

402 性 성품 성
- 性格 (　　)
- 性品 (　　)

403 歲 해 세
- 歲月 (　　)
- 歲暮 (　　)

404 洗 씻을 세
- 洗劑 (　　)
- 洗濯 (　　)

405 束 묶을 속
- 結束 (　　)
- 約束 (　　)

406 首 머리 수
- 首都 (　　)
- 首相 (　　)

407 宿 잘 숙
- 宿所 (　　)
- 宿泊 (　　)

408 順 순할 순
- 順理 (　　)
- 順應 (　　)

409 示 보일 시
- 展示 (　　)
- 揭示 (　　)

410 識 알 식
- 知識 (　　)
- 識見 (　　)

411 臣 신하 신
- 功臣 (　　)
- 臣下 (　　)

412 實 열매 실
- 實技 (　　)
- 實用 (　　)

413 兒 아이 아
- 幼兒 (　　)
- 育兒 (　　)

414 惡 악할 악
- 惡鬼 (　　)
- 惡夢 (　　)

415 案 책상 안
- 案件 (　　)
- 提案 (　　)

416 約 맺을 약
- 約條 (　　)
- 約束 (　　)

417 養 기를 양
- 養育 (　　)
- 養成 (　　)

418 魚 고기 어
- 魚類 (　　)
- 魚肉 (　　)

419 漁 고기잡을 어
- 漁夫 (　　)
- 漁網 (　　)

420 億 억 억
- 億萬 (　　)
- 億兆 (　　)

● 배정한자 낱말 활용 421 ~ 440

421 熱 더울 열
- 熱火 (열화)
- 熱氣 (열기)

422 葉 잎 엽
- 葉茶 (   )
- 葉書 (   )

423 屋 집 옥
- 韓屋 (   )
- 家屋 (   )

424 完 완전할 완
- 完全 (   )
- 完成 (   )

425 要 요긴할 요
- 要約 (   )
- 要點 (   )

426 曜 빛날 요
- 曜日 (   )
- 土曜日(   )

427 浴 목욕할 욕
- 浴室 (   )
- 沐浴 (   )

428 雨 비 우
- 雨期 (   )
- 雨傘 (   )

429 友 벗 우
- 友情 (   )
- 友愛 (   )

430 牛 소 우
- 牛乳 (   )
- 牛脂 (   )

431 雲 구름 운
- 雲峰 (   )
- 雲霧 (   )

432 雄 수컷 웅
- 英雄 (   )
- 雄志 (   )

433 元 으뜸 원
- 元來 (   )
- 元祖 (   )

434 願 원할 원
- 至願 (   )
- 願書 (   )

435 原 언덕 원
- 高原 (   )
- 原料 (   )

436 院 집 원
- 病院 (   )
- 院長 (   )

437 偉 클 위
- 偉大 (   )
- 偉人 (   )

438 位 자리 위
- 位置 (   )
- 位相 (   )

439 以 써 이
- 以上 (   )
- 以下 (   )

440 耳 귀 이
- 耳目 (   )
- 口鼻 (   )

memo

● 배정한자 낱말 활용 (441~460)

441 因 인할 인
- 原因 (원인)
- 因子 (인자)

442 任 맡길 임
- 任命 (   )
- 任官 (   )

443 財 재물 재
- 財物 (   )
- 財産 (   )

444 材 재목 재
- 材木 (   )
- 材質 (   )

445 災 재앙 재
- 災殃 (   )
- 災難 (   )

446 再 두 재
- 再修 (   )
- 再生 (   )

447 爭 다툴 쟁
- 爭議 (   )
- 爭取 (   )

448 貯 쌓을 저
- 貯蓄 (   )
- 貯金 (   )

449 的 목표 적
- 的中 (   )
- 目的 (   )

450 赤 붉을 적
- 赤字 (   )
- 赤色 (   )

451 典 법 전
- 辭典 (   )
- 法典 (   )

452 傳 전할 전
- 傳達 (   )
- 傳說 (   )

453 展 펼 전
- 展示 (   )
- 展開 (   )

454 節 마디 절
- 節約 (   )
- 節電 (   )

455 切 끊을 절 / 온통 체
- 一切 (   )
- 切斷 (   )

456 店 가게 점
- 店房 (   )
- 店鋪 (   )

457 情 뜻 정
- 感情 (   )
- 情談 (   )

458 停 머무를 정
- 停車 (   )
- 停電 (   )

459 調 고를 조
- 調節 (   )
- 調和 (   )

460 操 잡을 조
- 操心 (   )
- 操作 (   )

● 배정한자 낱말 활용 461 ~ 480

461 卒 마칠 졸
- 卒兵 (졸병)
- 卒業 (졸업)

462 種 씨 종
- 種子 (　　　)
- 種苗 (　　　)

463 終 마칠 종
- 終了 (　　　)
- 終結 (　　　)

464 罪 허물 죄
- 罪罰 (　　　)
- 罪惡 (　　　)

465 週 주일 주
- 週刊 (　　　)
- 週末 (　　　)

466 州 고을 주
- 濟州 (　　　)
- 光州 (　　　)

467 知 알 지
- 知識 (　　　)
- 知性 (　　　)

468 止 그칠 지
- 禁止 (　　　)
- 沮止 (　　　)

469 質 바탕 질
- 品質 (　　　)
- 質問 (　　　)

470 着 붙을 착
- 着陸 (　　　)
- 着地 (　　　)

471 參 참여할 참
- 參加 (　　　)
- 參與 (　　　)

472 唱 부를 창
- 唱歌 (　　　)
- 唱法 (　　　)

473 責 꾸짖을 책
- 問責 (　　　)
- 罪責 (　　　)

474 鐵 쇠 철
- 鐵骨 (　　　)
- 鐵筋 (　　　)

475 初 처음 초
- 初級 (　　　)
- 初任 (　　　)

476 最 가장 최
- 最高 (　　　)
- 最低 (　　　)

477 祝 빌 축
- 祝賀 (　　　)
- 祝福 (　　　)

478 充 채울 충
- 充滿 (　　　)
- 充足 (　　　)

479 致 이를 치
- 致誠 (　　　)
- 致賀 (　　　)

480 則 법칙 칙
- 法則 (　　　)
- 規則 (　　　)

memo

● 배정한자 낱말 활용 481~500

481 打 칠 타
- 打擊 (타 격)
- 打倒 (타 도)

482 他 다를 타
- 他意 (　　)
- 他律 (　　)

483 卓 높을 탁
- 卓越 (　　)
- 卓球 (　　)

484 炭 숯 탄
- 石炭 (　　)
- 炭鑛 (　　)

485 宅 집 택(댁)
- 舍宅 (　　)
- 宅配 (　　)

486 板 널 판
- 板木 (　　)
- 板子 (　　)

487 敗 패할 패
- 敗亡 (　　)
- 敗北 (　　)

488 品 물건 품
- 性品 (　　)
- 品格 (　　)

489 必 반드시 필
- 必須 (　　)
- 必要 (　　)

490 筆 붓 필
- 筆記 (　　)
- 筆跡 (　　)

491 河 물 하
- 河口 (　　)
- 河馬 (　　)

492 寒 찰 한
- 寒氣 (　　)
- 寒波 (　　)

493 害 해할 해
- 害毒 (　　)
- 害惡 (　　)

494 許 허락할 허
- 許諾 (　　)
- 許容 (　　)

495 湖 호수 호
- 湖水 (　　)
- 湖畔 (　　)

496 化 될 화
- 化學 (　　)
- 化工 (　　)

497 患 근심 환
- 患者 (　　)
- 患部 (　　)

498 效 본받을 효
- 效果 (　　)
- 效能 (　　)

499 凶 흉할 흉
- 凶年 (　　)
- 凶家 (　　)

500 黑 검을 흑
- 黑幕 (　　)
- 黑白 (　　)

5級

漢字能力檢定用

4편 약·정자 훈독 쓰기
한자의 필순[筆順]
필순 예상문제

memo

정		약					예	訓·音
價 (값 가)	➡	価	価				価格 가격	훈 값 / 음 가 · 훈 격식 / 음 격
假 (거짓 가)	➡	仮	仮				仮面 가면	훈 거짓 / 음 가 · 훈 낯 / 음 면
覺 (깨달을 각)	➡	覚	覚				覚醒 각성	훈 깨달을 / 음 각 · 훈 깰 / 음 성
據 (근거 거)	➡	拠	拠				根拠 근거	훈 뿌리 / 음 근 · 훈 근거 / 음 거
擧 (들 거)	➡	挙	挙				選挙 선거	훈 가릴 / 음 선 · 훈 들 / 음 거
儉 (검소할 검)	➡	倹	倹				倹素 검소	훈 검소할 / 음 검 · 훈 흴(본디) / 음 소
檢 (검사할 검)	➡	検	検				検査 검사	훈 검사할 / 음 검 · 훈 조사할 / 음 사
堅 (굳을 견)	➡	堅	堅				堅固 견고	훈 굳을 / 음 견 · 훈 굳을 / 음 고
輕 (가벼울 경)	➡	軽	軽				軽重 경중	훈 가벼울 / 음 경 · 훈 무거울 / 음 중
經 (지날 경)	➡	経	経				経濟 경제	훈 지날 / 음 경 · 훈 건널 / 음 제
繼 (이을 계)	➡	継	継				継續 계속	훈 이을 / 음 계 · 훈 이을 / 음 속
關 (관계할 관)	➡	関	関				関係 관계	훈 관계할 / 음 관 · 훈 맺을 / 음 계

정		약					한자어	훈·음	
觀 (볼 관)	➡	観	観				觀察 관찰	훈 볼 음 관	훈 살필 음 찰
廣 (넓을 광)	➡	広	広				広場 광장	훈 넓을 음 광	훈 마당 음 장
鑛 (쇳돌 광)	➡	鉱	鉱				鉱炭 탄광	훈 숯 음 탄	훈 쇳돌 음 광
區 (구분할 구)	➡	区	区				区域 구역	훈 구분할 음 구	훈 지경 음 역
舊 (예 구)	➡	旧	旧				旧習 구습	훈 예 음 구	훈 익힐 음 습
國 (나라 국)	➡	国	国				国民 국민	훈 나라 음 국	훈 백성 음 민
權 (권세 권)	➡	権	権				権力 권력	훈 권세 음 권	훈 힘 음 력
勸 (권할 권)	➡	勧	勧				勧奬 권장	훈 권할 음 권	훈 장려할 음 장
歸 (돌아갈 귀)	➡	帰	帰				帰家 귀가	훈 돌아갈 음 귀	훈 집 음 가
氣 (기운 기)	➡	気	気				気勢 기세	훈 기운 음 기	훈 기세 음 세
斷 (끊을 단)	➡	断	断				断切 단절	훈 끊을 음 단	훈 끊을 음 절
團 (둥근 단)	➡	団	団				団體 단체	훈 둥근 음 단	훈 몸 음 체

memo

memo

정		약				단어	훈 홀 / 음 단
單 (홑 단)	➡	単	単			單語 단 어	훈 홀 음 단 훈 말씀 음 어
擔 (멜 담)	➡	担	担			担任 담 임	훈 멜 음 담 훈 맡길 음 임
當 (마땅할 당)	➡	当	当			当然 당 연	훈 마땅할 음 당 훈 그럴 음 연
黨 (무리 당)	➡	党	党			脫党 탈 당	훈 벗을 음 탈 훈 무리 음 당
對 (대할 대)	➡	対	対			対答 대 답	훈 대할 음 대 훈 답할 음 답
德 (큰 덕)	➡	德	德			道德 도 덕	훈 길 음 도 훈 큰 음 덕
圖 (그림 도)	➡	図	図			地図 지 도	훈 따 음 지 훈 그림 음 도
讀 (읽을 독)	➡	読	読			読書 독 서	훈 읽을 음 독 훈 글 음 서
獨 (홀로 독)	➡	独	独			独身 독 신	훈 홀로 음 독 훈 몸 음 신
燈 (등 등)	➡	灯	灯			街路灯 가 로 등	훈 거리 음 가 훈 길 음 로 훈 등 음 등
樂 (즐길 락)	➡	楽	楽			楽園 락(낙) 원	훈 즐길 음 락 훈 동산 음 원
亂 (어지러울 란)	➡	乱	乱			騷乱 소 란	훈 시끄러울 음 소 훈 어지러울 음 란

memo

정		약					훈/음
來 (올 래)	➡	来	来			去来 거 래	훈 갈 음 거 / 훈 올 음 래
兩 (두 량)	➡	両	両			両側 양 측	훈 두 음 량 / 훈 곁 음 측
歷 (지날 력)	➡	歴	歴			歴史 역 사	훈 지낼 음 역 / 훈 사기 음 사
禮 (예도 례)	➡	礼	礼			礼節 예 절	훈 예도 음 예 / 훈 마디 음 절
龍 (용 룡)	➡	竜	竜			竜宮 용 궁	훈 용 음 룡 / 훈 집 음 궁
滿 (찰 만)	➡	満	満			満足 만 족	훈 찰 음 만 / 훈 발 음 족
萬 (일만 만)	➡	万	万			万億 만 억	훈 일만 음 만 / 훈 억 음 억
賣 (팔 매)	➡	売	売			売却 매 각	훈 팔 음 매 / 훈 물러날 음 각
發 (필 발)	➡	発	発			発展 발 전	훈 필 음 발 / 훈 펼 음 전
邊 (가 변)	➡	辺	辺			江辺 강 변	훈 물 음 강 / 훈 가 음 변
變 (변할 변)	➡	変	変			変更 변 경	훈 변할 음 변 / 훈 고칠 음 경
寶 (보배 보)	➡	宝	宝			宝石 보 석	훈 보배 음 보 / 훈 돌 음 석

정		약				한자어	훈·음
佛 (부처 불)	➡	仏	仏			仏教 불교	훈 부처 음 불 / 훈 가르칠 음 교
寫 (베낄 사)	➡	写	写			写眞 사진	훈 베낄 음 사 / 훈 참 음 진
牀 (상 상)	➡	床	床			冊床 책상	훈 책 음 책 / 훈 상 음 상
絲 (실 사)	➡	糸	糸			絹糸 견사	훈 비단 음 견 / 훈 실 음 사
狀 (형상 상)	➡	状	状			狀況 상황	훈 형상 음 상 / 훈 상황 음 황
聲 (소리 성)	➡	声	声			声樂 성악	훈 소리 음 성 / 훈 풍류 음 악
數 (셈 수)	➡	数	数			数學 수학	훈 셈 음 수 / 훈 배울 음 학
肅 (엄숙할 숙)	➡	粛	粛			嚴肅 엄숙	훈 엄할 음 엄 / 훈 엄숙할 음 숙
實 (열매 실)	➡	実	実			実踐 실천	훈 열매 음 실 / 훈 밟을 음 천
惡 (악할 악)	➡	悪	悪			悪鬼 악귀	훈 악할 음 악 / 훈 귀신 음 귀
壓 (누를 압)	➡	圧	圧			圧力 압력	훈 누를 음 압 / 훈 힘 음 력
樣 (모양 양)	➡	様	様			貌樣 모양	훈 모양 음 모 / 훈 모양 음 양

정		약				한자어	훈·음
餘 (남을 여)	➡	余	余			余裕 여유	훈 남을 음 여 / 훈 넉넉할 음 유
與 (더불 여)	➡	与	与			与黨 여당	훈 더불 음 여 / 훈 무리 음 당
榮 (영화 영)	➡	栄	栄			栄光 영광	훈 영화 음 영 / 훈 빛 음 광
藝 (재주 예)	➡	芸	芸			芸能 예능	훈 재주 음 예 / 훈 능할 음 능
豫 (미리 예)	➡	予	予			予金 예금	훈 미리 음 예 / 훈 쇠 음 금
圍 (에워쌀 위)	➡	囲	囲			範囲 범위	훈 모범 음 범 / 훈 에워쌀 음 위
應 (응할 응)	➡	応	応			応援 응원	훈 응할 음 응 / 훈 도울 음 원
醫 (의원 의)	➡	医	医			医師 의사	훈 의원 음 의 / 훈 스승 음 사
者 (놈 자)	➡	者	者			記者 기자	훈 기록할 음 기 / 훈 놈 음 자
雜 (섞일 잡)	➡	雑	雑			雑誌 잡지	훈 섞일 음 잡 / 훈 뜻 음 지
獎 (장려할 장)	➡	奨	奨			勸奨 권장	훈 권할 음 권 / 훈 장려할 음 장
壯 (장할 장)	➡	壮	壮			壮夫 장부	훈 장할 음 장 / 훈 지아비 음 부

memo

memo

정		약				훈·음
爭 (다툴 쟁)	➡	争	争			争取 쟁취　훈 다툴 음 쟁 / 훈 가질 음 취
轉 (구를 전)	➡	転	転			転出 전출　훈 구를 음 전 / 훈 날 음 출
錢 (돈 전)	➡	銭	銭			銭票 전표　훈 돈 음 전 / 훈 표 음 표
戰 (싸울 전)	➡	戦	戦			戦争 전쟁　훈 싸울 음 전 / 훈 다툴 음 쟁
傳 (전할 전)	➡	伝	伝			伝達 전달　훈 전할 음 전 / 훈 통달할 음 달
點 (점 점)	➡	点	点			点火 점화　훈 점 음 점 / 훈 불 음 화
濟 (건널 제)	➡	済	済			済度 제도　훈 건널 음 제 / 훈 법도 음 도
卒 (마칠 졸)	➡	卆	卆			卆兵 졸병　훈 마칠 음 졸 / 훈 군사 음 병
證 (증거 증)	➡	証	証			証據 증거　훈 증거 음 증 / 훈 의거할 음 거
處 (곳 처)	➡	処	処			処所 처소　훈 곳 음 처 / 훈 바 음 소
鐵 (쇠 철)	➡	鉄	鉄			鉄筋 철근　훈 쇠 음 철 / 훈 힘줄 음 근
廳 (관청 청)	➡	庁	庁			庁舍 청사　훈 관청 음 청 / 훈 집 음 사

memo

정		약				예	훈·음
體 (몸 체)	➡	体	体			体育 체육	훈 몸 음 체 / 훈 기를 음 육
總 (다 총)	➡	総	総			総理 총리	훈 다 음 총 / 훈 다스릴 음 리
蟲 (벌레 충)	➡	虫	虫			虫齒 충치	훈 벌레 음 충 / 훈 이 음 치
齒 (이 치)	➡	歯	歯			歯科 치과	훈 이 음 치 / 훈 과목 음 과
稱 (일컬을 칭)	➡	称	称			称號 칭호	훈 일컬을 음 칭 / 훈 범 음 호
擇 (가릴 택)	➡	択	択			択日 택일	훈 가릴 음 택 / 훈 날 음 일
學 (배울 학)	➡	学	学			学校 학교	훈 배울 음 학 / 훈 학교 음 교
虛 (빌 허)	➡	虚	虚			虚空 허공	훈 빌 음 허 / 훈 빌 음 공
顯 (나타날 현)	➡	顕	顕			顕忠日 현충일	훈 나타날 음 현 / 훈 충성 음 충 / 훈 날 음 일
號 (이름 호)	➡	号	号			号令 호령	훈 이름 음 호 / 훈 명령 음 령
畵 (그림 화)	➡	画	画			映画 영화	훈 비칠 음 영 / 훈 그림 음 화
會 (모일 회)	➡	会	会			会議 회의	훈 모일 음 회 / 훈 의논할 음 의

한자(漢字)의 필순(筆順)

획을 차례로 더하여 하나의 문자(文字)를 형성하여가는 순서를 필순이라고 한다. 필순은 전체 자형이 균형 잡히고, 바르고, 그러면서도 무리 없이 쓸 수 있게 오랜 동안의 연구를 거쳐 오늘에 전해온 것이다. 그러므로 한자는 바른 필순에 따라 쓸 때, 가장 쓰기 쉬울 뿐 아니라, 쓴 글자 모양도 아름다워진다.

☞ 필순의 기본 원칙

(1) 위에서 아래로

위에 있는 부분부터 쓰기 시작하여 차츰 아랫부분으로 써 내려간다.

工(공) : (一 丅 工)　　客(객) : (宀 安 客)

(2) 왼쪽에서 오른쪽으로

왼쪽에 있는 부분부터 쓰기 시작하여 차츰 오른쪽 부분으로 써 나간다.

脈(맥) : (肝 脈 脈)　　休(휴) : (亻 休)

☞ 필순 원칙

(1) 가로획을 먼저

가로획과 세로획이 서로 엇갈릴 때에는 가로획을 먼저 긋는다.

① 十(십) : (一 十)　　土(토) : (一 十 土)

② 七(칠) : (一 七)　　大(대) : (一 ナ 大)

③ 告(고) : (′ ⺧ 生 告)　　木(목) : (一 十 木)　　寸(촌) : (一 寸 寸)

예외 가로획과 세로획이 엇갈릴 때일지라도 다음의 경우에 한하여 가로획을 나중에 쓴다.

① 田(전) : (冂 冂 田 田)　　男(남), 異(이), 町(정), 細(세)

② 王(왕) : (一 丅 干 王)　　玉(옥), 主(주), 美(미), 義(의)

③ 進(진) : (亻 亻 亻 隹 進)　　馬(마) : (厂 F 馬 馬)

④ 生(생) : (𠂉 𠂉 牛 生)　　⑤ 寒(한) : (宀 宀 宀 寒)

(2) 가운데 부분을 먼저

글자의 구성이 좌·중·우와 같이 되고, 좌·우 모양이 같은 경우는 한가운데 부분을 먼저 쓴다.

① 小(소) : (亅 小 小)　　　水(수) : (亅 刁 水)

② 綠(록) : (紵 綧 綠)　　　衆(중) : (卑 舁 衆)

③ 業(업) : (⺌ ⺌ 业 業)　　赤(적) : (土 赤 亦 赤)

④ 樂(락) : (白 紳 縱 樂)　　承(승) : (孚 承 承)

[예외] 다음의 경우는 예외가 된다.

火(화) : (丶 丷 火)　　　　性(성) : (丶 忄 性)

(3) 몸을 먼저

안을 에워싸고 있는 바깥둘레를 "몸"이라고 하는데, 몸은 안보다 먼저 쓴다.

① 同(동) : (冂 同)　　内(내) : (冂 内)　　司(사) : (冂 司)

② 日(일) : (冂 日)　　月(월) : (刀 月)　　目(목) : (冂 目)　　田(전) : (冂 冂 田 田)

(4) 삐침은 파임보다 먼저

오른쪽 위에서 왼쪽 아래로 굽게 뻗은 선(획)을 "삐침"이라고 하고, 왼쪽 위에서 오른쪽 아래로 삐쳐 쓴 선(획)을 "파임"이라고 하는데, 삐침을 파임보다 먼저 쓴다.

① 文(문) : (亠 亣 文)　　　　父(부), 支(지), 收(수), 處(처)

(5) 글자 전체를 꿰뚫는 세로획은 최후에

① 中(중) : (口 中)　　申(신), 神(신), 車(차), 半(반), 事(사), 建(건)

② 書(서) : (一 コ ヨ 彐 聿 書 書)　　　妻(처)　　手(수) : (三 手)　　　平(평) : (亖 平)

(6) 전체를 꿰뚫는 가로획은 최후에

① 女(여) : (ㄥ 女)　　子(자) : (了 子)　　舟(주) : (刖 舟)　　　母(모) : (毋 母)

[예외] 世(세) 만은 예외　　　世(세) : (一 卅 世)

(7) 받침 중 辶(책받침), 廴(민책받침)은 맨 나중에 쓰고, 是, 走 처럼 획수가 많은 것은 먼저 쓴다.

① 道(도) : (首 道)　　送(송) : (关 送)　　② 題(제) : (是 題)　　起(기) : (走 起)

(8) 가로획과 삐침이 겹칠 때, 가로획이 길고 삐침이 짧은 글자는 삐침을 먼저 쓰고, 가로획이 짧고 삐침이 긴 글자는 가로획을 먼저 쓴다.

① 右(우) : (丿 ナ 右)　　　　有(유), 布(포), 希(희)

② 左(좌) : (一 ナ 左)　　　　友(우), 在(재), 存(유), 拔(발)

(1) 아래 한자를 쓰는 순서가 올바른 것은 어느 것
인가?

① ㄱ－ㄴ－ㄹ－ㅁ－ㄷ 　② ㄷ－ㅁ－ㄱ－ㄴ－ㄹ
③ ㄷ－ㄱ－ㄴ－ㄹ－ㅁ 　④ ㄱ－ㄴ－ㄹ－ㄷ－ㅁ

답 (　　)

(2) 아래 한자를 쓰는 순서에서 2번째로 쓰는 획은
어느 것인가?

답 (　　)

(3) 아래 한자를 쓰는 순서가 올바른 것은 어느 것
인가?

① ㄱ－ㄷ－ㅁ－ㄴ－ㄹ 　② ㄱ－ㄹ－ㄷ－ㅁ－ㄴ
③ ㄱ－ㄷ－ㄹ－ㅁ－ㄴ 　④ ㄱ－ㅁ－ㄴ－ㄷ－ㄹ

답 (　　)

(4) 아래 한자를 쓰는 순서에서 4번째로 쓰는 획은
어느 것인가?

답 (　　)

(5) 아래 한자를 쓰는 순서가 올바른 것은 어느 것
인가?

① ㅂ－ㄴ－ㄱ－ㄹ－ㄷ－ㅁ
② ㅂ－ㄴ－ㄱ－ㄷ－ㄹ－ㅁ
③ ㅂ－ㄴ－ㄱ－ㄷ－ㅁ－ㄹ
④ ㅂ－ㄴ－ㄱ－ㅁ－ㄷ－ㄹ

답 (　　)

(6) 아래 한자를 쓰는 순서에서 3번째로 쓰는 획은
어느 것인가?

답 (　　)

참고 필순(筆順)

(1) 世(인간 세) : 一 十 卅 卅 世

(2) 右(오른 우) : ノ ナ ナ 右 右

(3) 平(편안 안) : 一 一 一 辛 平

(4) 赤(붉을 적) : 一 十 土 ナ 亦 赤 赤

(5) 全(온전 전) : ノ 人 수 수 수 全

(6) 思(생각 사) : 丨 口 田 田 思 思 思

정 답 (1) ③ (2) ㄱ (3) ④ (4) ㅂ (5) ④ (6) ㄷ

(1) 아래 한자를 쓰는 순서가 올바른 것은 어느 것
인가?

① ㅅ—ㄱ—ㄴ—ㅂ—ㄹ—ㄷ—ㅁ
② ㅅ—ㄱ—ㅂ—ㄴ—ㄹ—ㅁ—ㄷ
③ ㅅ—ㄱ—ㅂ—ㄴ—ㄹ—ㄷ—ㅁ
④ ㅅ—ㄱ—ㄴ—ㅂ—ㄷ—ㄹ—ㅁ

답 (   )

(2) 아래 한자를 쓰는 순서에서 3번째로 쓰는 획은
어느 것인가?

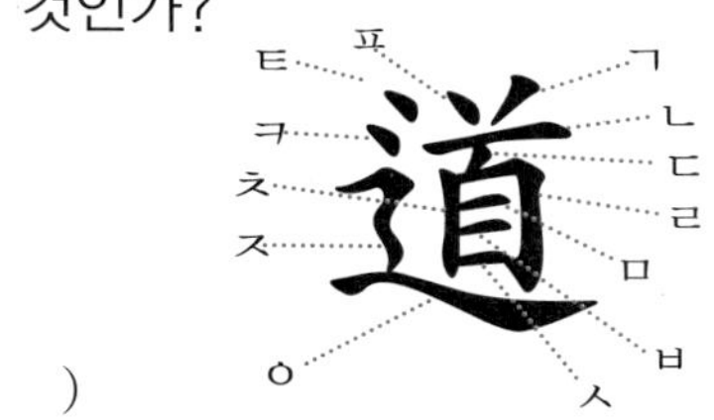

답 (   )

(3) 아래 한자를 쓰는 순서가 올바른 것은 어느 것
인가?

① ㅂ—ㄴ—ㄱ—ㅁ—ㄹ—ㄷ
② ㄱ—ㅂ—ㄴ—ㅁ—ㄹ—ㄷ

③ ㄱ—ㅂ—ㄴ—ㄷ—ㅁ—ㄹ
④ ㅂ—ㄴ—ㄱ—ㄹ—ㅁ—ㄷ

답 (   )

(4) 아래 한자를 쓰는 순서에서 6번째로 쓰는 획은
어느 것인가?

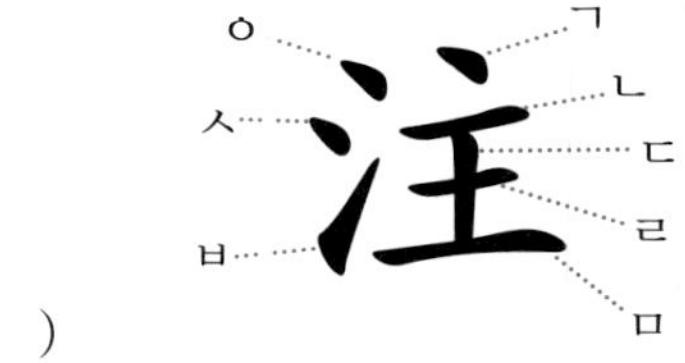

답 (   )

(5) 아래 한자를 쓰는 순서가 올바른 것은 어느 것
인가?

① ㄱ—ㅁ—ㄹ—ㄴ—ㄷ   ② ㄹ—ㄱ—ㄴ—ㅁ—ㄷ
③ ㄱ—ㅁ—ㄴ—ㄷ—ㄹ   ④ ㄴ—ㄱ—ㄹ—ㅁ—ㄷ

답 (   )

(6) 아래 한자를 쓰는 순서에서 4번째로 쓰는 획은
어느 것인가?

답 (   )

참고 필순(筆順)

(1) 每(매양 매) : ´ ˊ ⺊ 乍 每 每 每 每

(2) 道(길 도) : ⺍ ⺊ ⺊ 首 首 首 首 道 道 道

(3) 安(편안 안) : ` ` ⼧ ⼧ 安 安

(4) 注(부을 주) : ` ` ⺡ ⺡ 泞 汗 注 注

(5) 左(왼 좌) : 一 ナ 左 左 左

(6) 馬(말 마) : ⼂ ⼃ ⺁ 馬 馬 馬 馬 馬 馬 馬

정 답 (1) ② (2) ㄴ (3) ② (4) ㄷ (5) ③ (6) ㄷ

총부수 214 훈음 찾아보기표

* 부수 이름은 학자에 따라 다양한 명칭으로 사용하기도 함.

부수	명칭	부수	명칭	부수	명칭	부수	명칭
1획		卩(㔾)	병부 절	幺	작을 요	歹(歺)	살 발린뼈 알
一	한 일	厂	언덕 엄	广	집 엄	殳	창 수
｜	뚫을 곤	厶	사사로울 사	廴	끌 인	毋	말 무
丶	점 주	又	또 우	廾	들 공	比	견줄 비
ノ	삐칠 별	**3획**		弋	주살 익	毛	털 모
乙	새 을	口	입 구	弓	활 궁	氏	성 씨
亅	갈고리 궐	囗	에울 위	彐	돼지머리 계	气	기운 기
2획		土	흙 토	彡	터럭 삼	水(氵)	물 수
二	두 이	士	선비 사	彳	자축거릴 척	火(灬)	불 화
亠	머리 부분 두	夂	뒤져올 치	**4획**		爪(爫)	손톱 조
人(亻)	사람 인	夊	천천히 걸을 쇠	心(忄)	마음 심	父	아버지 부
儿	어진사람 인	夕	저녁 석	戈	창 과	爻	점괘 효
入	들 입	大	큰 대	戶	지게문 호	爿	나무조각 장
八	여덟 팔	女	여자 녀	手(扌)	손 수	片	조각 편
冂	멀 경	子	아들 자	支	지탱할 지	牙	어금니 아
冖	덮을 멱	宀	집 면	支(攵)	칠 복	牛	소 우
冫	얼음 빙	寸	마디 촌	文	글월 문	犬	개 견
几	책상 궤	小	작을 소	斗	말 두	**5획**	
凵	입벌릴 감	尢	절름발이 왕	斤	도끼 근	玄	검을 현
刀(刂)	칼 도	尸	주검 시	方	모 방	玉(王)	구슬 옥
力	힘 력	屮	싹날 철	无(旡)	없을 무	瓜	오이 과
勹	쌀 포	山	메 산	日	날 일	瓦	기와 와
匕	비수 비	巛	내 천	曰	가로 왈	甘	달 감
匚	상자 방	工	장인 공	月	달 월	生	날 생
匸	감출 혜	己	몸 기	木	나무 목	用	쓸 용
十	열 십	巾	수건 건	欠	하품 흠	田	밭 전
卜	점 복	干	방패 간	止	그칠 지	疋	발 필

부수	명칭	부수	명칭	부수	명칭	부수	명칭
疒	병들어 기댈 녁	臼	절구　구	酉	닭　유	鬯	술　창
癶	어그러질 발	舌	혀　설	釆	분별할 변	鬲	오지병 격
白	흰　백	舛	어그러질 천	里	마을　리	鬼	귀신　귀
皮	가죽　피	舟	배　주	**8획**		**11획**	
皿	그릇　명	艮	그칠　간	金	쇠　금	魚	물고기 어
目(罒)	눈　목	色	빛　색	長	긴　장	鳥	새　조
矛	창　모	艸(艹)	풀　초	門	문　문	鹵	소금밭 로
矢	화살　시	虍	범　호	阜(⻖)	언덕　부	鹿	사슴　록
石	돌　석	虫	벌레　충	隶	미칠　대	麥	보리　맥
示(礻)	보일　시	血	피　혈	隹	새　추	麻	삼　마
禸	발자국 유	行	다닐　행	雨	비　우	**12획**	
禾	벼　화	衣(衤)	옷　의	靑	푸를　청	黃	누를　황
穴	구멍　혈	襾	덮을　아	非	아닐　비	黍	기장　서
立	설　립	**7획**		**9획**		黑	검을　흑
6획		見	볼　견	面	얼굴　면	黹	바느질 치
竹	대나무 죽	角	뿔　각	革	가죽　혁	**13획**	
米	쌀　미	言	말씀　언	韋	가죽　위	黽	맹꽁이 맹
糸	실　사	谷	골짜기 곡	韭	부추　구	鼎	솥　정
缶	장군　부	豆	콩　두	音	소리　음	鼓	북　고
网(罒)	그물　망	豕	돼지　시	頁	머리　혈	鼠	쥐　서
羊	양　양	豸	해태　치	風	바람　풍	**14획**	
羽	깃　우	貝	조개　패	飛	날　비	鼻	코　비
老(耂)	늙을　로	赤	붉을　적	食	밥　식	齊	가지런할 제
而	말이을 이	走	달릴　주	首	머리　수	**15획**	
耒	쟁기　뢰	足(⻊)	발　족	香	향기　향	齒	이　치
耳	귀　이	身	몸　신	**10획**		**16획**	
聿	붓　율	車	수레　거	馬	말　마	龍	용　룡
肉(月)	고기　육	辛	매울　신	骨	뼈　골	龜	거북　귀
臣	신하　신	辰	별　진	高	높을　고	**17획**	
自	스스로 자	辵(辶)	쉬엄쉬엄갈 착	髟	긴털드리울 표	龠	피리　약
至	이를　지	邑(⻏)	고을　읍	鬥	싸움　투		

5級

5편 최근 기출 문제

▌▌▌ 한자능력검정시험 시험문항 유형 및 출제기준 ▌▌▌

유형별 출제문항수	8급	7급	6급Ⅱ	6급	5급	4급Ⅱ	4급	3급Ⅱ	3급	2급	1급	특급Ⅱ	특급
읽기 배정한자	50	150	300	300	500	750	1,000	1,500	1,817	2,355	3,500	4,918	5,978
쓰기 배정한자	0	0	50	150	300	400	500	750	1,000	1,817	2,005	2,355	3,500

유형	8급	7급	6급Ⅱ	6급	5급	4급Ⅱ	4급	3급Ⅱ	3급	2급	1급	특급Ⅱ·특급	
독음(讀音)	24	32	32	33	35	35	30	45	45	45	50	50	
한자(漢字) 쓰기	0	0	10	20	20	20	20	30	30	30	40	40	
훈음(訓音) 쓰기	24	30	29	22	23	22	22	27	27	27	32	32	
성구완성(成句完成)	0	2	2	3	4	5	5	10	10	10	15	15	
반의어·상대어	0	2	2	3	3	3	3	10	10	10	10	10	
뜻 풀이	0	2	2	2	3	3	3	5	5	5	10	10	
동의어·상대어	0	0	0	2	3	3	3	5	5	5	10	10	
동음이의어(同音異義語)	0	0	0	2	3	3	3	5	5	5	10	10	
장단음(長短音)	0	0	0	0	0	0	5	5	5	5	10	10	
부수(部首)	0	0	0	0	0	3	3	5	5	5	10	10	
약자(略字)	0	0	0	0	3	3	3	3	3	3	3	3	
필순(筆順)	2	2	3	3	3	0	0	0	0	0	0	0	
출제 문항수	50	70	80	90	100	100	100	150	150	150	200	200	
합격점	35	49	56	63	70	70	70	105	105	105	160	160	
시험시간(분)	50	50	50	50	50	50	50	60	60	60	90	100	

▌한자능력검정시험 관련 사이트

- 한국어문회 : www.hanja.re.kr(02-525-4951)
- 한국한자교육연구회 : www.hanja.net(02-708-4949~50)
- 한국외국어자격평가원 : www.leveltest.or.kr(02-3665-3093~6)
- 지식기반한자검정평가원 : www.ib.or.kr(02-2209-9700)

第34回 漢字能力檢定試驗 5級 問題

(社)韓國語文會 · 韓國漢字能力檢定會

[問 1-35] 다음 漢字語의 讀音을 쓰세요.

(1) 費用　　(2) 公任　　(3) 白雪

(4) 明窓　　(5) 選擧　　(6) 重要

(7) 參加　　(8) 順序　　(9) 作家

(10) 方今　　(11) 商業　　(12) 發展

(13) 風習　　(14) 計算　　(15) 注意

(16) 效用　　(17) 賞金　　(18) 末期

(19) 廣告　　(20) 當然　　(21) 兒童

(22) 耳鼻　　(23) 歷史　　(24) 筆記

(25) 相生　　(26) 過去　　(27) 終身

(28) 變名　　(29) 調査　　(30) 競買

(31) 出馬　　(32) 景致　　(33) 首長

(34) 頭角　　(35) 完工

[問 36-58] 다음 漢字의 訓과 音을 쓰세요.

〈例〉 字 → 글자 자

(36) 勇　　(37) 庭　　(38) 植

(39) 界　　(40) 聞　　(41) 患

(42) 番　　(43) 氷　　(44) 令

(45) 具　　(46) 號　　(47) 度

(48) 太　　(49) 救　　(50) 充

(51) 章　　(52) 勞　　(53) 店

(54) 林　　(55) 使　　(56) 億

(57) 吉　　(58) 答

[問 59-73] 다음 밑줄 친 漢字語를 漢字로 쓰세요.

(59) 정직한 사람이 되어야 합니다.

(60) 우리는 친근한 사이입니다.

(61) 방학을 하자 시골로 내려갔습니다.

(62) 위로의 말에 안심되었습니다.

(63) 사막 기후는 고온 건조합니다.

(64) 우리 집은 조상 대대로 이 동네에서 살아왔습니다.

(65) 부족하지만 최선을 다했습니다.

(66) 여기가 학교 후문입니다.

(67) 배가 아프면 내과에 가야 합니다.

(68) 예금을 하기 위해 은행에 갔습니다.

(69) 식당에 사람이 많습니다.

(70) 나는 미술 전시회를 다녀왔습니다.

(71) 강당으로 모두 집합했습니다.

(72) 그 정신을 젊은 세대에게 알려야 합니다.

(73) 지리 시간에 세계지도를 그렸습니다.

[問 74-78] 다음 訓과 音에 맞는 漢字를 쓰세요.

> 〈例〉 쇠 철 → 鐵

(74) 옷 복   (75) 여름 하
(76) 푸를 록   (77) 이길 승
(78) 쉴 휴

[問 79-81] 다음 漢字와 뜻이 相對 또는 反對되는 漢字를 쓰세요.

(79) 日 ↔ (   )
(80) 和 ↔ (   )
(81) (   ) ↔ 活

[問 82-85] 다음 (   )에 들어갈 漢字를 〈例〉에서 찾아 그 번호를 써서 漢字語를 만드세요.

> 〈例〉
> ① 有口   ② 靑山   ③ 同苦
> ④ 仙山   ⑤ 有名   ⑥ 一體
> ⑦ 海水   ⑧ 長者

(82) (   )同樂
(83) (   )流水
(84) 主客(   )
(85) (   )無實

[問 86-88] 다음 漢字와 뜻이 같거나 비슷한 漢字를 〈例〉에서 찾아 그 번호를 쓰세요.

> 〈例〉
> ① 止   ② 奉   ③ 冷
> ④ 大   ⑤ 害   ⑥ 案

(86) 停
(87) 寒
(88) 偉

[問 89-91] 다음 漢字와 음은 같은데 뜻이 다른 漢字를 〈例〉에서 찾아 그 번호를 쓰세요.

> 〈例〉
> ① 開   ② 旗   ③ 決
> ④ 性   ⑤ 失   ⑥ 洋

(89) 養   (90) 己
(91) 室

[問 92-94] 다음 뜻풀이에 맞는 漢字語를 〈例〉에서 찾아 그 번호를 쓰세요.

> 〈例〉
> ① 願書   ② 再建   ③ 動感
> ④ 原書   ⑤ 再健   ⑥ 洞感
> ⑦ 院書   ⑧ 再件   ⑨ 同感

(92) 움직이는 듯한 느낌

(93) 무너진 것을 다시 건설함.

(94) 번역하거나 복사한 책의 바탕이 되는 책

[問 95-97] 다음 漢字의 略字(약자 : 획수를 줄인 漢字)를 쓰세요.

(95) 定　　　　　　　(96) 萬

(97) 氣

[問 98-100] 다음 한자의 ㉠ 획의 쓰는 순서를 아래에서 골라 번호를 쓰세요.(화살표는 ㉠ 획의 위치와 더불어 획을 쓰는 방향을 나타냅니다.)

(98) 部

① 여덟 번째　　　　② 아홉 번째
③ 열 번째　　　　　④ 열한 번째

(99) 線

① 네 번째　　　　　② 다섯 번째
③ 여섯 번째　　　　④ 일곱 번째

(100) 由

① 세 번째　　　　　② 네 번째
③ 다섯 번째　　　　④ 여섯 번째

34회 5급 정답

(1) 비용	(27) 종신	(53) 가게 점	(79) 月
(2) 공임	(28) 변명	(54) 수풀 림	(80) 戰
(3) 백설	(29) 조사	(55) 하여금 사/부릴 사	(81) 死
(4) 명창	(30) 경매	(56) 억 억	(82) ③ 同苦
(5) 선거	(31) 출마	(57) 길할 길	(83) ② 靑山
(6) 중요	(32) 경치	(58) 대답 답	(84) ⑥ 一體
(7) 참가	(33) 수장	(59) 正直	(85) ⑤ 有名
(8) 순서	(34) 두각	(60) 近親	(86) ① 止
(9) 작가	(35) 완공	(61) 放學	(87) ③ 冷
(10) 방금	(36) 날랠 용	(62) 安心	(88) ④ 大
(11) 상업	(37) 뜰 정	(63) 高溫	(89) ⑥ 洋
(12) 발전	(38) 심을 식	(64) 祖上	(90) ② 旗
(13) 풍습	(39) 지경 계	(65) 不足	(91) ⑤ 失
(14) 계산	(40) 들을 문	(66) 後門	(92) ③ 動感
(15) 주의	(41) 근심 환	(67) 內科	(93) ② 再建
(16) 효용	(42) 차례 번	(68) 銀行	(94) ④ 原書
(17) 상금	(43) 얼음 빙	(69) 食堂	(95) 宅
(18) 말기	(44) 하여금 령	(70) 美術	(96) 万
(19) 광고	(45) 갖출 구	(71) 集合	(97) 気
(20) 당연	(46) 이름 호	(72) 世代	(98) ④ 열한 번째
(21) 아동	(47) 법도 도	(73) 地理	(99) ① 네 번째
(22) 이비	(48) 클 태	(74) 服	(100) ② 네 번째
(23) 역사	(49) 구원할 구	(75) 夏	
(24) 필기	(50) 채울 충	(76) 綠	
(25) 상생	(51) 글 장	(77) 勝	
(26) 과거	(52) 일할 로	(78) 休	

第35回 漢字能力檢定試驗 5級 問題

(社)韓國語文會 · 韓國漢字能力檢定會

[문 1~35] 다음 漢字語의 讀音을 쓰세요.

(1) 價格	(2) 完結	(3) 病院
(4) 感知	(5) 可決	(6) 漁具
(7) 患者	(8) 要約	(9) 觀客
(10) 傳說	(11) 德性	(12) 展示
(13) 景致	(14) 奉仕	(15) 良質
(16) 規則	(17) 練習	(18) 種類
(19) 最初	(20) 兒童	(21) 開局
(22) 祝福	(23) 鐵橋	(24) 責任
(25) 實費	(26) 歷史	(27) 熱望
(28) 賞品	(29) 筆寫	(30) 養魚
(31) 明朗	(32) 順序	(33) 效果
(34) 參加	(35) 卓球	

[문 36~58] 다음 漢字의 訓과 音을 쓰세요.

〈例〉 字 → 글자 자

(36) 雲	(36) 葉	(38) 識
(39) 旅	(40) 廣	(41) 席
(42) 近	(43) 待	(44) 術
(45) 庭	(46) 速	(47) 操
(48) 炭	(49) 島	(50) 競

(51) 勇	(52) 堂	(53) 愛
(54) 畫	(55) 油	(56) 的
(57) 偉	(58) 領	

[문 59~73] 다음 밑줄 친 漢字語를 漢字로 쓰세요.

(59) 동해는 우리나라 바다입니다.

(60) 백두산은 우리나라 산입니다.

(61) 우리는 단일 민족입니다.

(62) 나는 해양 소년 단원입니다.

(63) 군인들이 군가를 부릅니다.

(64) 한자 교육을 합니다.

(65) 당번 활동을 합니다.

(66) 체육 시간은 즐겁습니다.

(67) 계산 문제가 어렵습니다.

(68) 오늘이 내 생일입니다.

(69) 세계는 넓습니다.

(70) 효행은 인간의 근본입니다.

(71) 우리는 삼형제입니다.

(72) 오늘은 오전만 수업을 합니다.

(73) 산천초목이 곱습니다.

[문 74~78] 다음 訓과 音에 맞는 漢字를 쓰세요.

> <例> 나라 국 → 國

(74) 친할 친

(75) 믿을 신

(76) 길 로

(77) 맑을 청

(78) 심을 식

[문 79~81] 다음 漢字와 뜻이 相對 또는 反對되는 漢字를 쓰세요.

(79) 朝 ↔ (　　　)

(80) 末 ↔ (　　　)

(81) 害 ↔ (　　　)

[문 82~85] 다음 (　　　)에 들어갈 漢字를 〈例〉에서 찾아 그 번호를 써서 漢字語를 만드세요.

> <例>
> ① 多幸　② 風化　③ 自中　④ 速度
> ⑤ 賣買　⑥ 敗家　⑦ 九死　⑧ 百戰

(82) (　　)作用　　(83) (　　)商談

(84) (　　)亡身　　(85) 千萬(　　)

[문 86~88] 다음 漢字와 뜻이 같거나 비슷한 漢字를 〈例〉에서 찾아 그 번호를 쓰세요.

> <例>
> ① 思　　② 着　　③ 來
> ④ 法　　⑤ 過　　⑥ 課

(86) 去　　　　(87) 念

(88) 到

[문 89~91] 다음 漢字와 음은 같은데 뜻이 다른 漢字를 〈例〉에서 두 개씩 찾아 그 번호를 쓰세요.

> <例>
> ① 苦　② 爭　③ 財　④ 基
> ⑤ 再　⑥ 汽　⑦ 件　⑧ 停
> ⑨ 告　⑩ 調　⑪ 共　⑫ 給

(89) 災　　　(90) 固　　　(91) 技

[문 92~94] 다음 뜻풀이에 맞는 漢字語를 〈例〉에서 찾아 그 번호를 쓰세요.

> <例>
> ① 都書　② 新選　③ 成功　④ 圖書
> ⑤ 新鮮　⑥ 成工　⑦ 道書　⑧ 新善
> ⑨ 成公

(92) 새롭고 산뜻함.

(93) 책, 그림, 글씨 따위를 통틀어 말함.

(94) 뜻을 이룸.

[문 95~97] 다음 漢字의 略字(약자 : 획수를 줄인 漢字)를 쓰세요.

> 〈예〉 體 → 体

(95) 醫 　　(96) 區 　　(97) 數

[문 98~100] 다음 漢字의 ㉠ 획은 몇 번째 쓰는지 〈例〉에서 찾아 그 번호를 쓰세요. (화살표는 ㉠ 획의 위치와 더불어 획을 쓰는 방향을 나타냅니다.)

> 〈例〉
> ① 첫 번째　② 두 번째　③ 세 번째
> ④ 네 번째　⑤ 다섯 번째　⑥ 여섯 번째
> ⑦ 일곱 번째　⑧ 여덟 번째
> ⑨ 아홉 번째

(98) 每㉠

(99) 別㉠

(100) 平㉠

35회 5급 정답

(1) 가격	(27) 열망	(53) 사랑 애	(79) 夕
(2) 완결	(28) 상품	(54) 낮 주	(80) 始/本
(3) 병원	(29) 필사	(55) 기름 유	(81) 利
(4) 감지	(30) 양어	(56) 과녁 적	(82) ② 風化
(5) 가결	(31) 명랑	(57) 클 위	(83) ⑤ 賣買
(6) 어구	(32) 순서	(58) 거느릴 령	(84) ⑥ 敗家
(7) 환자	(33) 효과	(59) 東海	(85) ① 多幸
(8) 요약	(34) 참가	(60) 白頭	(86) ⑤ 過
(9) 관객	(35) 탁구	(61) 民族	(87) ① 思
(10) 전설	(36) 구름 운	(62) 少年	(88) ② 着
(11) 덕성	(37) 잎 엽	(63) 軍歌	(89) ③ 財, ⑤ 再
(12) 전시	(38) 알 식	(64) 敎(敎)育	(90) ① 苦, ⑨ 告
(13) 경치	(39) 나그네 려	(65) 活動	(91) ④ 基, ⑥ 汽
(14) 봉사	(40) 넓을 광	(66) 時間	(92) ⑤ 新鮮
(15) 양질	(41) 자리 석	(67) 計算	(93) ④ 圖書
(16) 규칙	(42) 가까울 근	(68) 生日	(94) ③ 成功
(17) 연습	(43) 기다릴 대	(69) 世界	(95) 医
(18) 종류	(44) 재주 술	(70) 孝行	(96) 区
(19) 최초	(45) 뜰 정	(71) 兄弟	(97) 数
(20) 아동	(46) 빠를 속	(72) 午前	(98) ⑦ 일곱 번째
(21) 개국	(47) 잡을 조	(73) 草木	(99) ④ 네 번째
(22) 축복	(48) 숯 탄	(74) 親	(100) ⑤ 다섯 번째
(23) 철교	(49) 섬 도	(75) 信	
(24) 책임	(50) 다툴 경	(76) 路	
(25) 실비	(51) 날랠 용	(77) 淸(淸)	
(26) 역사	(52) 집 당	(78) 植	

第36回 漢字能力檢定試驗 5級 問題

(社)韓國語文會 · 韓國漢字能力檢定會

[문 1~35] 다음 漢字語의 讀音을 쓰세요.

(1) 短調　　(2) 便紙　　(3) 原因

(4) 過熱　　(5) 當然　　(6) 海兵

(7) 物件　　(8) 牛角　　(9) 長打

(10) 再活　　(11) 愛重　　(12) 人類

(13) 唱法　　(14) 氷水　　(15) 在宅

(16) 末席　　(17) 獨立　　(18) 大氣

(19) 家具　　(20) 溫和　　(21) 風化

(22) 魚頭　　(23) 親切　　(24) 生産

(25) 晝夜　　(26) 許可　　(27) 見習

(28) 亡命　　(29) 材質　　(30) 倍加

(31) 號令　　(32) 種族　　(33) 道理

(34) 決心　　(35) 賣店

[문 36~58] 다음 漢字의 訓과 音을 쓰세요.

<例> 字 → 글자 자

(36) 客　　(37) 放　　(38) 料

(39) 美　　(40) 患　　(41) 面

(42) 輕　　(43) 曜　　(44) 元

(45) 知　　(46) 參　　(47) 板

(48) 直　　(49) 都　　(50) 鼻

(51) 色　　(52) 今　　(53) 勞

(54) 筆　　(55) 爭　　(56) 河

(57) 船　　(58) 湖

[문 59~73] 다음 밑줄 친 漢字語를 漢字로 쓰세요.

(59) 산림을 보호해야 합니다.

(60) 화초가 화단에 가득합니다.

(61) 식사를 거르면 건강에 나쁩니다.

(62) 동양 과학자가 다수 참석했습니다.

(63) 형식보다 실질을 중시합니다.

(64) 아침과 저녁을 조석이라고 합니다.

(65) 산에 오르다 중간에서 쉬었습니다.

(66) 오후에 수업이 없습니다.

(67) 일기를 쓰면 글을 잘 쓰게 됩니다.

(68) 할아버지께서 내년에 한국에 오십니다.

(69) 오늘은 야외 수업이 있습니다.

(70) 지금 선수단이 입장합니다.

(71) 남부 지방에 비가 옵니다.

(72) 창문을 닫아야 합니다.

(73) 운동을 하면 건강에 좋습니다.

[문 74~78] 다음 訓과 音에 맞는 漢字를 쓰세요.

(74) 집 당

(75) 필 발

(76) 누를 황

(77) 어제 작

(78) 꽃부리 영

[문 79~81] 다음 漢字와 뜻이 相對 또는 反對되는 漢字를 쓰세요.

(79) (　　) ↔ 樂

(80) (　　) ↔ 終

(81) 分 ↔ (　　)

[문 82~85] 다음 (　　)에 들어갈 漢字를 〈例〉에서 찾아 그 번호를 써서 漢字語를 만드세요.

> 〈例〉
> ① 擧手　② 效果　③ 立身　④ 成功
> ⑤ 不良　⑥ 擧案　⑦ 價格　⑧ 不要

(82) 公定(　　)

(83) (　　)不急

(84) 展示(　　)

(85) (　　)敬禮

[문 86~88] 다음 漢字와 뜻이 같거나 비슷한 漢字를 〈例〉에서 찾아 그 번호를 쓰세요.

> 〈例〉
> ① 改　② 念　③ 服
> ④ 等　⑤ 靑　⑥ 樹

(86) 衣　　　(87) 綠　　　(88) 變

[문 89~91] 다음 漢字와 음은 같은데 뜻이 다른 漢字를 〈例〉에서 찾아 그 번호를 쓰세요.

> 〈例〉
> ① 考　② 團　③ 弱　④ 飮　⑤ 充
> ⑥ 寫　⑦ 線　⑧ 速　⑨ 葉

(89) 約　　　(90) 鮮　　　(91) 壇

[문 92~94] 다음 뜻풀이에 맞는 漢字語를 〈例〉에서 찾아 그 번호를 쓰세요.

> 〈例〉
> ① 待用　② 善果　③ 前文　④ 代用
> ⑤ 選果　⑥ 全文　⑦ 大用　⑧ 選科
> ⑨ 電文

(92) 글의 전체

(93) 과목을 선택함.

(94) 대신하여 다른 것을 씀.

[문 95~97] 다음 漢字의 **略字**(약자 : 획수를 줄인 漢字)를 쓰세요.

(95) 晝　　　　(96) 藥　　　　(97) 圖

[문 98~100] 다음 漢字의 ㉠ 획은 몇 번째 쓰는지 〈例〉에서 찾아 그 번호를 쓰세요. (화살표는 ㉠ 획의 위치와 더불어 획을 쓰는 방향을 나타냅니다.)

〈例〉

① 첫 번째　② 두 번째　③ 세 번째

④ 네 번째　⑤ 다섯 번째　⑥ 여섯 번째

⑦ 일곱 번째　⑧ 여덟 번째

⑨ 아홉 번째

(98) 球㉠

(99) 身㉠

(100) 特㉠

36회 5급 정답

(1) 단조	(27) 견습	(53) 일할 로	(79) 苦
(2) 편지	(28) 망명	(54) 붓 필	(80) 始
(3) 원인	(29) 재질	(55) 다툴 쟁	(81) 合
(4) 과열	(30) 배가	(56) 물 하	(82) ⑦ 價格
(5) 당연	(31) 호령	(57) 배 선	(83) ⑧ 不要
(6) 해병	(32) 종족	(58) 호수 호	(84) ② 效果
(7) 물건	(33) 도리	(59) 山林	(85) ① 擧手
(8) 우각	(34) 결심	(60) 花草	(86) ③ 服
(9) 장타	(35) 매점	(61) 食事	(87) ⑤ 靑
(10) 재활	(36) 손 객	(62) 東洋	(88) ① 改
(11) 애중	(37) 놓을 방	(63) 形式	(89) ③ 弱
(12) 인류	(38) 헤아릴 료	(64) 朝夕	(90) ⑦ 線
(13) 창법	(39) 아름다울 미	(65) 中間	(91) ② 團
(14) 빙수	(40) 근심 환	(66) 午後	(92) ⑥ 全文
(15) 재택	(41) 낯 면	(67) 日記	(93) ⑧ 選科
(16) 말석	(42) 가벼울 경	(68) 來年	(94) ④ 代用
(17) 독립	(43) 빛날 요	(69) 野外	(95) 昼
(18) 대기	(44) 으뜸 원	(70) 入場	(96) 楽
(19) 가구	(45) 알 지	(71) 南部	(97) 図
(20) 온화	(46) 참여할 참/석 삼	(72) 窓門	(98) ⑥ 여섯 번째
(21) 풍화	(47) 널 판	(73) 運動	(99) ⑦ 일곱 번째
(22) 어두	(48) 곧을 직	(74) 堂	(100)③ 세 번째
(23) 친절	(49) 도읍 도	(75) 發	
(24) 생산	(50) 코 비	(76) 黃	
(25) 주야	(51) 빛 색	(77) 昨	
(26) 허가	(52) 이제 금	(78) 英	

第37回 漢字能力檢定試驗 5級 問題

(社)韓國語文會 · 韓國漢字能力檢定會

[문 1~35] 다음 漢字語의 讀音을 쓰세요.

(1) 初期　　(2) 冷寒　　(3) 卓球

(4) 原罪　　(5) 案件　　(6) 過歲

(7) 種類　　(8) 德望　　(9) 祝客

(10) 識見　　(11) 到着　　(12) 最惡

(13) 獨身　　(14) 調査　　(15) 景觀

(16) 要約　　(17) 鐵馬　　(18) 廣板

(19) 序曲　　(20) 告示　　(21) 結實

(22) 耳目　　(23) 士兵　　(24) 財産

(25) 發給　　(26) 開院　　(27) 變化

(28) 性質　　(29) 改良　　(30) 情念

(31) 許可　　(32) 品位　　(33) 奉唱

(34) 熱願　　(35) 筆致

[문 36~58] 다음 漢字語의 訓과 音을 쓰세요.

<例> 字 → 글자 자

(36) 固　　(37) 效　　(38) 打

(39) 都　　(40) 勞　　(41) 災

(42) 養　　(43) 曜　　(44) 淸

(45) 具　　(46) 倍　　(47) 的

(48) 量　　(49) 朗　　(50) 價

(51) 善　　(52) 健　　(53) 貯

(54) 湖　　(55) 葉　　(56) 領

(57) 勇　　(58) 談

[문 59~73] 다음 밑줄 친 漢字語를 漢字로 쓰세요.

(59) 소화기로 불을 끕니다.

(60) 국민은 나라의 주인입니다.

(61) 천년은 긴 세월입니다.

(62) 대문 앞을 쓸니다.

(63) 쌀은 농촌에서 납니다.

(64) 놀 장소를 찾아봅시다.

(65) 폐품을 잘 이용합시다.

(66) 먹는 물을 식수라고 합니다.

(67) 생명은 소중합니다.

(68) 어두운 데서 광명을 찾습니다.

(69) 동화 책을 읽습니다.

(70) 자동차는 빠릅니다.

(71) 출입문을 엽니다.

(72) 오전에는 공부를 합니다.

(73) 넓은 도로를 달립니다.

[문 74~78] 다음 訓과 音에 맞는 漢字를 쓰세요.

(74) 쓸 고

(75) 다스릴 리

(76) 믿을 신

(77) 큰바다 양

(78) 길 영

[문 79~81] 다음 漢字와 뜻이 相對 또는 反對되는 漢字를 쓰세요.

(79) 遠 ↔ (   )

(80) (   ) ↔ 舊

(81) (   ) ↔ 無

[문 82~85] 다음 (   )에 들어갈 가장 잘 어울리는 漢字語를 〈例〉에서 찾아 그 번호를 써서 漢字語를 완성하세요.

〈例〉		
① 孝親	② 男女	③ 春秋
④ 愛族	⑤ 現代	⑥ 公正
⑦ 交通	⑧ 勝戰	

(82) (   )平等

(83) (   )規則

(84) (   )去來

(85) 敬老(   )

[문 86~88] 다음 漢字와 뜻이 같거나 뜻이 비슷한 漢字를 〈例〉에서 찾아 그 번호를 쓰세요.

〈例〉		
① 關	② 爭	③ 輕
④ 術	⑤ 雄	⑥ 止

(86) 停   (87) 競   (88) 技

[문 89~91] 다음 漢字와 음은 같은데 뜻이 다른 漢字를 〈例〉에서 두 개씩 찾아 그 번호를 쓰세요.

〈例〉				
① 晝	② 練	③ 思	④ 典	⑤ 敗
⑥ 展	⑦ 臣	⑧ 患	⑨ 說	⑩ 店
⑪ 州	⑫ 使			

(89) 週   (90) 傳   (91) 寫

[문 92~94] 다음 뜻풀이에 맞는 漢字語를 〈例〉에서 찾아 그 번호를 쓰세요.

〈例〉			
① 天材	② 操賞	③ 先數	④ 天才
⑤ 朝商	⑥ 選手	⑦ 天在	⑧ 祖上
⑨ 選首			

(92) 뛰어난 재주를 가진 사람

(93) 운동 등에서 대표로 뽑힌 사람

(94) 집안 대대의 어른

[문 95~97] 다음 漢字의 **略字**(획수를 줄인 漢字)를 쓰세요.

> 〈例〉 體 → 体

(95) 氣　　　(96) 圖　　　(97) 會

[문 98~100] 다음 漢字의 ㉠ 획은 몇 번째 쓰는지 〈例〉에서 찾아 그 번호를 쓰세요. (화살표는 ㉠ 획의 위치와 더불어 획을 쓰는 방향을 나타냅니다.)

> 〈例〉
> ① 첫 번째　② 두 번째　③ 세 번째
> ④ 네 번째　⑤ 다섯 번째　⑥ 여섯 번째
> ⑦ 일곱 번쩌　⑧ 여덟 번째
> ⑨ 아홉 번째

(98) 米㉠

(99) 死㉠

(100) 世㉠

37회 5급 정답

(1) 초기	(27) 변화	(53) 쌓을 저	(79) 近
(2) 냉한	(28) 성질	(54) 호수 호	(80) 新
(3) 탁구	(29) 개량	(55) 잎 엽	(81) 有
(4) 원죄	(30) 정념	(56) 거느릴 령	(82) ② 男女
(5) 안건	(31) 허가	(57) 날랠 용	(83) ⑦ 交通
(6) 과세	(32) 품위	(58) 말씀 담	(84) ⑥ 公正
(7) 종류	(33) 봉창	(59) 消火	(85) ① 孝親
(8) 덕망	(34) 열원	(60) 主人	(86) ⑥ 止
(9) 축객	(35) 필치	(61) 千年	(87) ② 爭
(10) 식견	(36) 굳을 고	(62) 大門	(88) ④ 術
(11) 도착	(37) 본받을 효	(63) 農村	(89) ① 晝, ⑪ 州
(12) 최악	(38) 칠 타	(64) 場所	(90) ④ 典, ⑥ 展
(13) 독신	(39) 도읍 도	(65) 利用	(91) ③ 思, ⑫ 使
(14) 조사	(40) 일할 로	(66) 食水	(92) ④ 天才
(15) 경관	(41) 재앙 재	(67) 生命	(93) ⑥ 選手
(16) 요약	(42) 기를 양	(68) 光明	(94) ⑧ 祖上
(17) 철마	(43) 빛날 요	(69) 童話	(95) 気
(18) 광판	(44) 맑을 청	(70) 自動	(96) 図
(19) 서곡	(45) 갖출 구	(71) 出入	(97) 会
(20) 고시	(46) 곱 배	(72) 午前	(98) ③ 세 번째
(21) 결실	(47) 과녁 적	(73) 道路	(99) ⑥ 여섯 번째
(22) 이목	(48) 헤아릴 량	(74) 苦	(100) ⑤ 다섯 번째
(23) 사병	(49) 밝을 랑	(75) 理	
(24) 재산	(50) 값 가	(76) 信	
(25) 발급	(51) 착할 선	(77) 洋	
(26) 개원	(52) 굳셀 건	(78) 永	

第39回 漢字能力檢定試驗 5級 問題

(社)韓國語文會 · 韓國漢字能力檢定會

[문 1~35] 다음 漢字語의 讀音을 쓰세요.

(1) 德談　　(2) 當直　　(3) 期待

(4) 開場　　(5) 格式　　(6) 等數

(7) 所望　　(8) 永遠　　(9) 客觀

(10) 石橋　　(11) 人材　　(12) 思考

(13) 藥室　　(14) 主任　　(15) 加重

(16) 耳目　　(17) 患部　　(18) 江湖

(19) 失敗　　(20) 選手　　(21) 都賣

(22) 道服　　(23) 健全　　(24) 馬夫

(25) 草食　　(26) 靑綠　　(27) 書院

(28) 種族　　(29) 農村　　(30) 白米

(31) 旅情　　(32) 雪景　　(33) 品質

(34) 溫度　　(35) 理致

[문 36~58] 다음 漢字의 訓과 音을 쓰세요.

〈例〉 字 → 글자 자

(36) 歲　　(37) 壇　　(38) 共

(39) 原　　(40) 頭　　(41) 識

(42) 料　　(43) 圖　　(44) 炭

(45) 黃　　(46) 屋　　(47) 別

(48) 因　　(49) 章　　(50) 展

(51) 雄　　(52) 集　　(53) 週

(54) 筆　　(55) 運　　(56) 序

(57) 祝　　(58) 示

[문 59~73] 다음 밑줄 친 漢字語를 漢字로 쓰세요.

(59) 비가 와서 다행입니다.

(60) 선생님은 학생들과 첫 대면입니다.

(61) 아침마다 신문을 봅니다.

(62) 사람은 신용이 있어야 합니다.

(63) 그는 휴일마다 봉사활동을 합니다.

(64) 수업이 시작되었습니다.

(65) 우리 팀이 드디어 승리했습니다.

(66) 산림을 보호해야 합니다.

(67) 걸어서 등교하는 것이 좋습니다.

(68) 기차가 곧 출발할 것입니다.

(69) 영재 교육이 필요합니다.

(70) 가정 교육이 중요합니다.

(71) 태양은 지구를 돕니다.

(72) 의식 생활의 건전한 풍토를 조성합니다.

(73) 자기 의사를 분명히 표현하는 것이 좋
습니다.

[문 74~78] 다음 訓과 音에 맞는 漢字를 쓰세요.

(74) 들 야

(75) 아이 동

(76) 뿔 각

(77) 합할 합

(78) 동산 원

[문 79~81] 다음 漢字와 뜻이 相對 또는 反對되는 漢字를 쓰세요.

(79) 産 ↔ (　　　)

(80) 孫 ↔ (　　　)

(81) 古 ↔ (　　　)

[문 82~85] 다음 (　　　)에 들어갈 漢字를 〈例〉에서 찾아 그 번호를 써서 漢字語를 만드세요.

> 〈例〉
> ① 見物　② 無根　③ 無言　④ 傳心
> ⑤ 語不　⑥ 自給　⑦ 教學　⑧ 百年

(82) 有口(　　　)

(83) 以心(　　　)

(84) (　　　)自足

(85) (　　　)相長

[문 86~88] 다음 漢字와 뜻이 같거나 비슷한 漢字를 〈例〉에서 찾아 그 번호를 쓰세요.

> 〈例〉
> ① 速　　② 氣　　③ 便
> ④ 分　　⑤ 練　　⑥ 案

(86) 區　　　　(87) 急　　　　(88) 安

[문 89~91] 다음 漢字와 音은 같은데 뜻이 다른 漢字를 〈例〉에서 찾아 그 번호를 쓰세요.

> 〈例〉
> ① 救　② 約　③ 切　④ 停　⑤ 畫
> ⑥ 操　⑦ 課　⑧ 鐵　⑨ 着

(89) 具　　　　(90) 節　　　　(91) 調

[문 92~94] 다음 뜻풀이에 맞는 漢字語를 〈例〉에서 찾아 그 번호를 쓰세요.

> 〈例〉
> ① 量心　② 事由　③ 改定　④ 養心
> ⑤ 使由　⑥ 改正　⑦ 良心　⑧ 社有
> ⑨ 開定

(92) 일의 연유

(93) 심성을 수양함.

(94) 고쳐 다시 정함.

[문 95~97] 다음 漢字의 略字(약자 : 획수를 줄인 漢字)를 쓰세요.

(95) 體   (96) 讀   (97) 禮

[문 98~100] 다음 漢字의 ㉠ 획은 몇 번째 쓰는지 〈例〉에서 찾아 그 번호를 쓰세요. (화살표는 ㉠ 획의 위치와 더불어 획을 쓰는 방향을 나타냅니다.)

〈例〉

① 첫 번째 ② 두 번째 ③ 세 번째

④ 네 번째 ⑤ 다섯 번째 ⑥ 여섯 번째

⑦ 일곱 번째 ⑧ 여덟 번째

⑨ 아홉 번째

(98) 注㉠

(99) 京㉠

(100) 半㉠

39회 5급 정답

(1) 덕담	(27) 서원	(53) 주일 주	(79) 死
(2) 당직	(28) 종족	(54) 붓 필	(80) 祖
(3) 기대	(29) 농촌	(55) 옮길 운	(81) 今
(4) 개장	(30) 백미	(56) 차례 서	(82) ③ 無言
(5) 격식	(31) 여정	(57) 빌 축	(83) ④ 傳心
(6) 등수	(32) 설경	(58) 보일 시	(84) ⑥ 自給
(7) 소망	(33) 품질	(59) 多幸	(85) ⑦ 敎學
(8) 영원	(34) 온도	(60) 對面	(86) ④ 分
(9) 객관	(35) 이치	(61) 新聞	(87) ① 速
(10) 석교	(36) 해 세	(62) 信用	(88) ③ 便
(11) 인재	(37) 단 단	(63) 休日	(89) ① 救
(12) 사고	(38) 한가지 공	(64) 始作	(90) ③ 切
(13) 약실	(39) 언덕 원	(65) 勝利	(91) ⑥ 操
(14) 주임	(40) 머리 두	(66) 山林	(92) ② 事由
(15) 가중	(41) 알 식	(67) 登校	(93) ④ 養心
(16) 이목	(42) 헤아릴 료	(68) 出發	(94) ③ 改定
(17) 환부	(43) 그림 도	(69) 英才	(95) 体
(18) 강호	(44) 숯 탄	(70) 家庭	(96) 読
(19) 실패	(45) 누를 황	(71) 地球	(97) 礼
(20) 선수	(46) 집 옥	(72) 風土	(98) ⑧ 여덟 번째
(21) 도매	(47) 다를/나눌 별	(73) 表現	(99) ⑥ 여섯 번째
(22) 도복	(48) 인할 인	(74) 野	(100) ⑤ 다섯 번째
(23) 건전	(49) 글 장	(75) 童	
(24) 마부	(50) 펼 전	(76) 角	
(25) 초식	(51) 수컷 웅	(77) 合	
(26) 청록	(52) 모을 집	(78) 園	

第40回 漢字能力檢定試驗 5級 問題

(社)韓國語文會 · 韓國漢字能力檢定會

[문 1~35] 다음 漢字語의 讀音을 쓰세요.

(1) 許可	(2) 氷炭	(3) 最初
(4) 變化	(5) 吉凶	(6) 患者
(7) 筆談	(8) 效果	(9) 品質
(10) 充實	(11) 運河	(12) 節約
(13) 展望	(14) 法典	(15) 選擧
(16) 順序	(17) 責任	(18) 船首
(19) 漁具	(20) 性格	(21) 改善
(22) 歷史	(23) 調査	(24) 過去
(25) 輕量	(26) 景致	(27) 練習
(28) 熱唱	(29) 規則	(30) 祝福
(31) 廣告	(32) 鐵板	(33) 旅行
(34) 養魚	(35) 獨島	

[문 36~58] 다음 漢字語의 訓과 音을 쓰세요.

> 〈例〉 字 → 글자 자

(36) 價	(37) 偉	(38) 貯
(39) 湖	(40) 結	(41) 敬
(42) 曜	(43) 根	(44) 德
(45) 願	(46) 固	(47) 速
(48) 領	(49) 類	(50) 費

(51) 洗	(52) 遠	(53) 晝
(54) 給	(55) 耳	(56) 雲
(57) 橋	(58) 朗	

[문 59~73] 다음 밑줄 친 漢字語를 漢字로 쓰세요.

(59) 학교에 갑니다.

(60) 자연을 보호합시다.

(61) 가족이 다 모였습니다.

(62) 아침에 신문을 읽습니다.

(63) 세계는 넓습니다.

(64) 곧은 선을 직선이라고 합니다.

(65) 청년들이 축구 시합을 합니다.

(66) 여기는 관광지로 유명합니다.

(67) 여기는 교통이 편리합니다.

(68) 비행기가 공중을 납니다.

(69) 서양 사람들은 키가 큽니다.

(70) 실내가 조용합니다.

(71) 아침과 저녁을 조석이라고 합니다.

(72) 지상에는 만물이 있습니다.

(73) 봄과 가을을 춘추라고 합니다.

[문 74~78] 다음 訓과 音에 맞는 漢字를 쓰세요.

(74) 느낄 감

(75) 효도 효

(76) 날랠 용

(77) 겉 표

(78) 아이 동

[문 79~81] 다음 漢字와 뜻이 相對 또는 反對 되는 漢字를 써 넣어 漢字語를 완성하세요.

(79) ( ) ↔ 客

(80) ( ) ↔ 敗

(81) ( ) ↔ 害

[문 82~85] 다음 ( )에 들어갈 가장 잘 어울리는 漢字語를 〈例〉에서 찾아 그 번호를 써서 漢字語를 완성하세요.

> 〈例〉
> ① 生心 ② 功身 ③ 番號 ④ 勞使
> ⑤ 奉仕 ⑥ 公明 ⑦ 醫院 ⑧ 戰術

(82) ( )正大

(83) ( )和合

(84) ( )活動

(85) 見物( )

[문 86~88] 다음 漢字와 뜻이 같거나 비슷한 漢字를 〈例〉에서 찾아 그 번호를 쓰세요.

> 〈例〉
> ① 失 ② 識 ③ 溫
> ④ 止 ⑤ 案 ⑥ 冷

(86) 知   (87) 終   (88) 寒

[문 89~91] 다음 漢字와 音은 같은데 뜻이 다른 漢字를 〈例〉에서 두 개씩 찾아 그 번호를 쓰세요.

> 〈例〉
> ① 郡 ② 建 ③ 度 ④ 頭
> ⑤ 件 ⑥ 店 ⑦ 別 ⑧ 庭
> ⑨ 種 ⑩ 停 ⑪ 都 ⑫ 壇

(89) 情 - ( ), ( )

(90) 健 - ( ), ( )

(91) 到 - ( ), ( )

[문 92~94] 다음 뜻풀이에 맞는 漢字語를 〈例〉에서 찾아 그 번호를 쓰세요.

> 〈例〉
> ① 市場 ② 競己 ③ 英在 ④ 時場
> ⑤ 競技 ⑥ 英才 ⑦ 始場 ⑧ 競氣
> ⑨ 英材

(92) 기술이나 능력을 서로 겨루는 일

(93) 상품을 팔고 사는 장소

(94) 뛰어난 재능을 가진 사람

[문 95~97] 다음 漢字의 略字(약자 : 획수를 줄인 漢字)를 쓰세요.

〈例〉 體 → 体

(95) 發　　　(96) 禮　　　(97) 區

[문 98~100] 다음 漢字의 ㉠ 획은 몇 번째 쓰는지 〈例〉에서 찾아 그 번호를 쓰세요. (화살표는 ㉠ 획의 위치와 더불어 획을 쓰는 방향을 나타냅니다.)

〈例〉

① 첫 번째　② 두 번째　③ 세 번째

④ 네 번째　⑤ 다섯 번째　⑥ 여섯 번째

⑦ 일곱 번째　⑧ 여덟 번째

⑨ 아홉 번째

(98) 水

(99) 式

(100) 母

40회 5급 정답

(1) 허가	(27) 연습	(53) 낮 주	(79) 主
(2) 빙탄	(28) 열창	(54) 줄 급	(80) 勝/成
(3) 최초	(29) 규칙	(55) 귀 이	(81) 利
(4) 변화	(30) 축복	(56) 구름 운	(82) ⑥ 公明
(5) 길흉	(31) 광고	(57) 다리 교	(83) ④ 勞使
(6) 환자	(32) 철판	(58) 밝을 랑	(84) ⑤ 奉仕
(7) 필담	(33) 여행	(59) 學校	(85) ① 生心
(8) 효과	(34) 양어	(60) 自然	(86) ② 識
(9) 품질	(35) 독도	(61) 家族	(87) ④ 止
(10) 충실	(36) 값 가	(62) 新聞	(88) ⑥ 冷
(11) 운하	(37) 클 위	(63) 世界	(89) ⑧ 庭, ⑩ 停
(12) 절약	(38) 쌓을 저	(64) 直線	(90) ② 建, ⑤ 件
(13) 전망	(39) 호수 호	(65) 靑年	(91) ③ 度, ⑪ 都
(14) 법전	(40) 맺을 결	(66) 有名	(92) ⑤ 競技
(15) 선거	(41) 공경 경	(67) 交通	(93) ① 市場
(16) 순서	(42) 빛날 요	(68) 空中	(94) ⑥ 英才
(17) 책임	(43) 뿌리 근	(69) 西洋	(95) 発
(18) 선수	(44) 큰 덕	(70) 室內	(96) 礼/礼
(19) 어구	(45) 원할 원	(71) 朝夕	(97) 区
(20) 성격	(46) 굳을 고	(72) 地上	(98) ① 첫 번째
(21) 개선	(47) 빠를 속	(73) 春秋	(99) ⑤ 다섯 번째
(22) 역사	(48) 거느릴 령	(74) 感	(100) ⑤ 다섯 번째
(23) 조사	(49) 무리 류	(75) 孝	
(24) 과거	(50) 쓸 비	(76) 勇	
(25) 경량	(51) 씻을 세	(77) 表	
(26) 경치	(52) 멀 원	(78) 童	

【저자 약력】

＊ 손 주 남

- 62년 강릉사범학교 졸업
- 한국 최초 연상 기억법 창안 저자
- 방송출연 – KBS, MBC, SBS, 일본 NTV, TBS, 대만 국영방송
  국내 연상기억법 기록 및 대상 10회 이상
- 현 한국두뇌개발원 원장
- 현 (사단법인) 한자 검정 평가원 교육원장

한자능력검정 시험기준에 맞춘

한자능력검정시험 종합테스트 5급

정가 : 10,000원

지은이 : 손주남

펴낸이 : 이 종 춘

펴낸곳 : **BM** 성안당

주 소 : 경기도 파주시 교하읍 문발리
　　　　 출판문화정보산업단지 536-3

전 화 : (031)955-0511

팩 스 : (031)955-0510

등 록 : 1973.2.1 제13-12호

© 2002~2009 손주남

ISBN 978-89-315-7317-6

독자 상담 서비스 : 080-544-0511　　　　홈페이지 : **www.cyber.co.kr**